Kids School Bags and Goods!

はじめてでもきちんと作れる
おしゃれな
通園・通学アイテム

Contents

BASIC 3 piece set
基本の3点セット

- P.4　リボン&レースのセット
- P.6　ストライプのセット
- P.8　ポップフラワーのセット
- P.10　パッチワークのセット
- P.12　ピンクのフリルのセット
- P.14　刺しゅうヌビのセット

LUNCH set
ランチのセット

- P.16　ピンク&チェリーのランチセット
- P.17　リボンのランチセット
- P.18　ナチュラルなランチセット
- P.20　スモックと三角巾

other useful BAGS
便利な袋もの

- P.24　保冷できる水筒カバー
- P.26　移動ポケット&ハンカチ
- P.28　なんでも巾着袋
- P.29　鍵盤ハーモニカ入れ
- P.30　リボンのナップザック
- P.31　防水プールバッグ
- P.32　座布団カバー

知っておきたいソーイングのABC
縫い始める前に

- P.34　必要な用具と材料
- P.36　縫う前の下準備
- P.37　ミシンの基礎
- P.38　覚えておきたい基本のテクニック

- P.40　基本の3点セットを作りましょう

- P.53　作品の作り方

- P.51　Column 1　サイズ調整の仕方
- P.52　Column 2　お名前付けと目印グッズ
- P.95　作品の材料が購入できる店

基本の3点セット

BASIC 3 piece set

通園・通学に必要な袋もの。
その中で、レッスンバッグ・体操着入れ・
シューズケースは基本の3点セットです。
毎日使うものだから、
好きな柄や色が選べるように、
さまざまなデザインを取りそろえました。

リボン&レースのセット

How to make ★ P.40

上品でシックな紺色の無地に
リボンとレースを合わせました。
ちょっとお姉さんにあこがれる、
おしゃまさんにぴったり。

Design=dolce

細かいものが整理しやすい、仕切り付きの内ポケット

BASIC
3
piece set

ストライプのセット

How to make ★ P.54

白と黒の太めのストライプ柄に
青と黄色のコントラストが
キリッとシャープなセット。
思わずご機嫌になるカッコよさ。

Design=Me

ひもとループエンドは
持ち手とおそろいの黄色で
スマートに！

BASIC 3 piece set

ポップフラワーのセット

How to make ★ P.57

あざやかなオレンジや黄色の花が
パッと咲きました。
しっかりしたキャンバス地で
丈夫に仕立てました。

Design=Me

BASIC 3 piece set

パッチワークのセット

How to make ★ P.58

はじけるようなドット柄に
カラフルな無地のパッチワーク。
子どもはみんな大好きな
ポップで元気いっぱいのセットです。

Design=kotti

BASIC 3 piece set

ピンクのフリルのセット
How to make ★ P.61

リバティプリントのチェリー・ドロップに
スモーキーなピンクを合わせた
ガーリーなセット。
フリルで可愛さ倍増！

Design=Floom aimer

中袋をキルティング生地にしたので
手触りふっくら。

BASIC 3 piece set

刺しゅうヌビのセット
How to make ★ P.64

細いライン状のキルティングがおしゃれな
ヌビの生地で作ったセット。
くすみブルーに星と月の刺しゅうがポイントです。

Design＝こどものキモチLAB.

シワになりにくく、お洗濯にも強いヌビの生地は、
通園通学アイテムの素材にぴったり。

LUNCH set

ランチのセット

今日のお弁当は何かな？
お昼の時間が楽しくなるランチのセット。
お弁当袋、コップ入れ、ランチョンマットの
基本の3点を用意しました。

ピンク＆チェリーのランチセット
How to make ★ P.67

リバティプリントのチェリー・ドロップにスモーキーなピンクの無地を合わせました。カトラリー入れは、面ファスナーで出し入れかんたん。
Design=Floom aimer

リボンのランチセット
How to make ★ P.70

上品な夢かわパープルは女の子のあこがれのカラー。リボンと水玉のプリントでさらにおしゃれに。

Design=dolce

ナチュラルなランチセット
How to make ★ P.72

キャメルの無地にチェックやストライプを合わせたシンプルなセット。カッコよくて汚れが目立たないのがマル！
Design=kotti

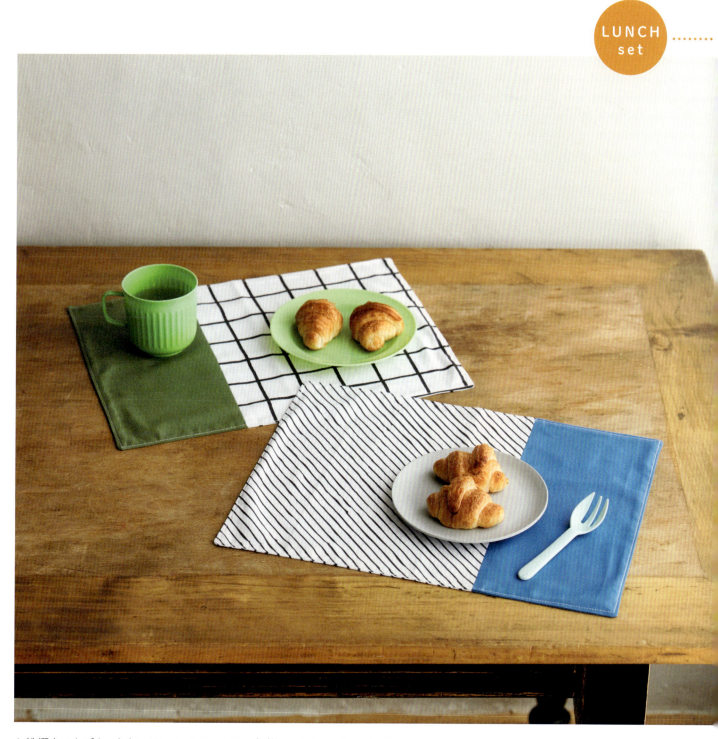

お洗濯をひんぱんにしたいランチョンマットは、何枚あってもうれしいアイテム。
Design=kotti

スモックと三角巾

How to make ★ P.74

ナチュラルテイストがおしゃれな
スモックと三角巾。
スモックは半袖と長袖の2種類。
まとめて収納できる巾着袋付き。

Design=kotti

LUNCH set

スモックと三角巾がぴったり入る
おそろいカラーの巾着袋。

長袖スモックの袖口はゴム入りです。便利なパッチポケット付き。

Let's cook!

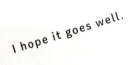

I hope it goes well.

三角巾は一人でもかぶれる
ゴムタイプ。

便利な袋もの

あったら便利なプラスワンのアイテム。
市販品でもよいけれど、
好みや成長やシーンに合わせて
作れるのがハンドメイドのよさです。
使いやすいくふうもいっぱい！

other useful BAGS

保冷できる水筒カバー
How to make ★ P.80

500mlのペットボトルも入る水筒カバー。
本体はふんわりしたヌビの生地で作り、中袋は保冷シートを使用。
長さ調整ができるショルダーひも付きです。

Design=chou chou

上／肩に食い込まないように
取り外しできる肩ひもカバーを。
左／ピンクの肩ひもカバーには
チュールのフリル付き。

移動ポケット&ハンカチ
How to make ★ P.83

ポケットがない服には移動ポケットを。
便利なポケットティッシュ入れが付いています。
ときめくポンポンブレードを付けて、
くすみブルーとピンクの2種で作りました。

Design＝こどものキモチLAB.

ポンポンブレード付きのハーフハンカチも手作りで。

なんでも巾着袋
How to make ★ P.86

スポーツや習い事などにも使える、
何でも入るシンプルな巾着袋。
ひもと持ち手をおそろいにした
ポップなカラーがスタイリッシュ！

Design=kotti

鍵盤ハーモニカ入れ
How to make ★ P.88

モノトーンが映える鍵盤ハーモニカ入れ。中袋には楽器にやさしいキルティング生地を使用しています。

Design=Me

リボンのナップザック

How to make ★ P.90

巾着のひもが肩ひもになっていて、かんたんに作れるリュックです。
中袋ナシの軽量タイプなので、折りたたんでサブバッグとしても。

Design=dolce

防水プールバッグ

How to make ★ P.90

持ち手付きの巾着袋を防水加工の布で作りました。
濡れたタオルや水着をそのまま入れても大丈夫。

Design=dolce

other useful BAGS

座布団カバー

How to make ★ P.93

リボンとレースで飾った座布団カバー。
ウレタンクッションの代わりに、
市販の防災頭巾を入れて、
座布団や背もたれにすることもできます。

Design=dolce

入れ口には面ファスナーを
付けて、出し入れラクラク。

知っておきたいソーイングのABC

縫い始める前に

ソーイングに必要な用具と材料についてと、縫い方の基本を学びましょう。
この本でよく使われる基本のテクニックも覚えておくと便利です。

必要な用具と材料

用具

手芸ばさみ（小）
糸やリボン、ひもを切るなどの細かい作業に便利。

裁ちばさみ
布の裁断専用のはさみはひとつ用意しておきましょう。

クラフトばさみ
型紙用の紙を切ったり、不織布タイプの接着芯を裁つときに使います。

まち針　縫い針
まち針は布を留めるために使います。縫い針は、左がまつり縫いなどに使う針で、右がしつけ用の長い針。

リッパー
糸をほどくときに使用します。

目打ち
糸をほどいたり、角をきれいに出すときに使います。

チャコペン
布に印を描くためのペン。水やアイロンで消えるタイプが便利。

ゴム通し
ゴムやひもを通すときに必要です。

定規
寸法を測る以外に、型紙を作ったり、布に直接線を引いたりするために使います。

メジャー
立体やカーブを測るときに便利です。

仮止めクリップ
まち針では留めにくい厚いものや、穴があいてしまう撥水加工の生地などに使います。

ミシン
直線縫いとジグザグ縫いができる家庭用のもので十分です。

アイロン
布を折ったり、縫い代を割るときに使用します。接着芯を貼る際にも必要。

アイロン台
折りたたみできるマットタイプのほか、テーブルタイプもあります。

糸・接着芯

しつけ糸　ミシン糸
しつけ用の糸は、糸巻きタイプと束になっているタイプがあります。ミシン糸は、布と針に合わせた番手を選びましょう。

接着芯
布にハリをもたせるために裏に貼ります。不織布、布タイプがあり、この本では中厚の不織布を使っています。

布

シーチング
平織りの木綿の布で、色柄が豊富。この本では主に中厚タイプを中袋に使用しています。

ブロード
シーチングよりも密に織られている平織りの布。しっかりしているので袋ものの本体に使えます。

リネン
粗く織られた麻の布。木綿混紡のコットンリネンも扱いやすいのでおすすめ。

オックス
シーチング、ブロードよりもさらにしっかりしていてシワになりにくく、袋ものの本体に適しています。

キャンバス
太糸で織られた厚手の平織り布。帆布とも呼ばれ、家庭用ミシンで縫うには8〜11号帆布がおすすめ。

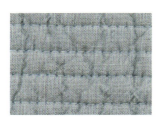

ヌビ
2枚の布の間に綿をはさんで等間隔に縫った韓国の伝統的なキルティングの生地。凹凸があり、ふんわりした手触りが特徴。

撥水加工生地
水をはじく加工がされたもの。汚れもつきにくいため、お弁当袋やシューズ入れの中袋に使います。

チュール
細かい網目状に織られたメッシュ生地。この本ではフリル状にして飾りに使っています。

副資材

持ち手用テープ
そのまま持ち手として使用できます。木綿、アクリル、リネンなどの素材があります。

丸ひも
巾着袋などに使います。色や太さが豊富なので目的に合わせて選んで。

ポンポンブレード
ボンテン（ポンポン）が付いたブレードです。縁飾りに使います。

リボン
サテンリボン、グログランリボンなどさまざまな種類があり、飾りに使います。

レース
糸で織ったトーションレースや、薬品で作るケミカルレースなどがあります。

面ファスナー
バッグの入れ口などに縫い付けて使います。年少さんにも開閉しやすいのが特徴。

ゴムテープ
スモックの襟ぐりや袖口に使います。P.32の座布団カバーは幅広タイプを使用。

コードストッパー
ロープの先に付けて留めるためのパーツ。P.30のナップザックに使用しています。

移動ポケット用クリップ
P.26の移動ポケットに使用。スカートなどのウエストにはさんで使います。

コキカン（リュックカン）
肩ひもなどの長さを調整できるパーツ。P.24の水筒カバーに使用しています。

Dカン
シューズケースの持ち手を通してとじたり、ナスカンをかけるために使います。

ナスカン
Dカンと共にショルダーひもに付けて、取り外せるようにします。P.24の水筒カバーに使用。

プラホック
手で付けられるタイプと器具を使って付けるタイプがあります。この本では手で付けるタイプを使用。

Sewing ABC

縫う前の下準備

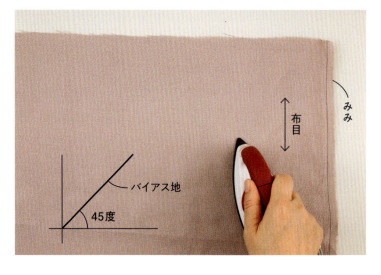

水通し

水通しには、たらいに水を入れて布を浸してひと晩置く方法と、洗濯機の弱モードで洗う方法があります。買ってきた布を水通しすることで、洗濯による色落ちや縮みが防げます。

地直し

水通しをしたあとは、軽く絞って布目を直角に整えて陰干しします。半乾きの状態で布目に対して縦横直角に整えながらアイロンをかけて地直しをします。

布目とは

布の端をみみと呼び、みみに対して平行な方向が布目です。布を裁つときは、裁ち方図の矢印を布目線に合わせて裁ちましょう。斜め45度の方向がバイアス地となり、伸びやすい方向です。

布の裁ち方

1 型紙を作る方法
リネンなどの目が粗くて歪みやすい布は、型紙を作って裁つ方法をおすすめします。

ハトロン紙

ソーイングの型紙専用の大判の薄い紙。バッグなど小ものの場合、クラフト紙や模造紙、包装紙などでも構いません。

1 裁ち合わせ図を見ながら必要な寸法を測り、型紙用の紙に線を引いて、紙用のはさみで切ります。合印なども入れておきます。この本では縫い代を含めた寸法にしています。

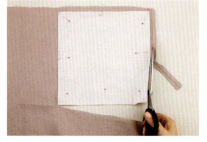

2 布の上に型紙を重ねてまち針で留め、型紙の端に沿って布を裁ちます。型紙を縫い代込みの寸法にしない場合は、縫い代を加えた線を外側に引き、その線を裁ちます。

2 布に直接線を引く方法

キャンバス地などしっかりした布や、小さなパーツを裁つ場合は、布に定規で直接線を引きます。

みみから平行に線を引き、直角を出してから長さを測ります。みみは硬いことが多いため、使わずにその内側から線を引き、裁ちばさみで裁ちます。

接着芯の貼り方

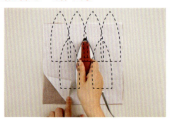

布の裏に接着芯ののりが付いた側を重ね、中温でアイロンをかけます。アイロンはすべらせず、少しずつ移動しながら上からしっかり押さえます。

Sewing ABC

ミシンの基礎

糸調子について

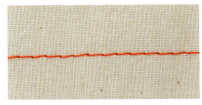

 正しい糸調子は上糸と下糸が同じ強さの状態。表からは上糸のみ、裏側からは下糸のみが見えます。

 上糸が強く、表側から見たときに下糸が出ています。下糸が強いときはこの逆で裏側から見たときに上糸が見えます。

調整の仕方
まず縫い始める前に必ず同じ布で試し縫いをしましょう。上糸が強い場合は、上糸のダイヤルの数字を小さくし、上糸が弱い場合は数字を大きくします。

上糸と下糸

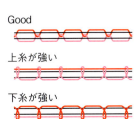

糸調子について

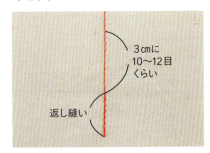

縫い目の大きさは布の厚みにもよりますが、この本の作品の場合は、3cmの中に針目が10目前後を目安にしましょう。ポケット付けや巾着の縫い止まりは返し縫いをします。

ジグザグミシン

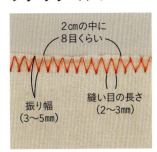

布端がほつれないようにジグザグミシンをかけます。布の厚みやほつれやすさによって縫い目の長さと振り幅を変えましょう。

振り幅はそのままで縫い目の長さを小さくした場合、薄い布だと布端が丸まってしまうことも。

振り幅はそのままで縫い目の長さを大きくした場合。ほつれにくい布の場合はこれで十分です。布端が丸まってしまうときは、0.1cmほど内側に針を落とすのがコツです。

同じ幅で縫う方法

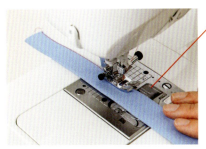

目盛り
ほとんどのミシンには目安の目盛りが付いています。縫いたい幅の目盛りがない場合は、針からの距離を測り、マスキングテープを貼って目安にします。

この本では縫い線を引かずに、縫い代幅を決めてミシンをかけています。ミシンに付いている目盛りに布端を合わせ、針ではなく目盛りを見ながら縫います。布に縫い線を引いてその上を縫う方法でもOKです。

アイロンのかけ方

1 縫い代を割る
縫い代がゴロつくときは縫い代を割ります。アイロンのとがった先を使って割りましょう。

2 縫い代を倒す
薄い布の場合は縫い代を2枚一緒にどちらか片方に倒します。

Sewing ABC

覚えておきたい基本のテクニック

●手縫い

ていねいに仕上げたいときは手縫いも選択のひとつ。たてまつりは、お名前シールやワッペンなどを付ける際に、「コの字とじ」は返し口をとじるときに使います。

●たてまつり

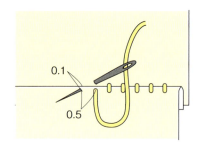

折り山の0.1cmほど下から針を出し、すぐ上に針を入れます。0.5cmほど進んだ斜め下の折り山の0.1cm下に出します。これを繰り返します。

●コの字とじ（はしごまつり）

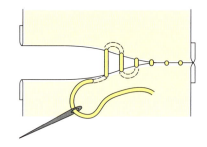

2枚の布の折り山を交互にすくい、針目が表に出ないようにとじ合わせます。

●三つ折り縫い

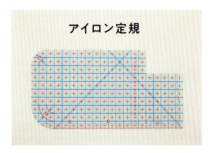

アイロン定規があると、印を付けずに布を折ることができます。三つ折り縫いやポケットの縫い代を折るときなどに使います。

1 折りたい位置にアイロン定規の目盛りを合わせてアイロンをかけます。

2 続けてもう一度折ると三つ折りになります。巾着のひもを通すときは2cmくらいで折りましょう。

●ギャザーの寄せ方

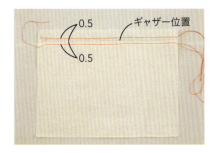

1 ギャザー位置の上下0.5cmの位置に、粗い針目（3〜5mm）でミシンを2本かけます。糸は長めに残します。

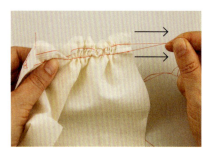

2 下糸を2本一緒に引き、ギャザーを均等に寄せます。長い距離の場合は左右両側から糸を引きます。

●角をきれいに出す

バッグや巾着を表に返したとき、角をきれいに出すためには、目打ちで布を引っ張り出すようにして整えましょう。

●ループエンドにひもを通す

丸ひもの先はほつれやすいため、セロハンテープを巻いてからカットします。テープを巻くことでループエンドに通しやすくなります。

●リボンのほつれ止め

カットしたリボンの端がほつれないように端に塗っておきます。丸ひもにも使えます。

リボンを結び、カットした端にほつれ止め液を少量塗ります。色が変わってしまう素材もあるため、必ず試し塗りを。

●プラホックの付け方

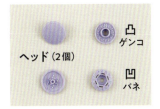

1 プラホックを取り付ける位置に印を付け、目打ちで穴を開けます。

2 目打ちで開けた側からヘッドを差し込み、裏返して凸（ゲンコ）をヘッドにかぶせます。

3 パチンと音がするまではめこみます。凹（バネ）側も同様にヘッド→凹の順に付けます。

●ポケットの付け方

バッグの中を整理するのに便利な内ポケット。この本では一部のバッグ（P.43-4参照）だけで説明をしていますが、お好みでどのバッグに内ポケットを付けてもOKです。下の写真はミシンで角を縫う方法を説明。

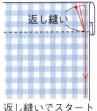
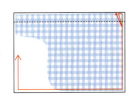
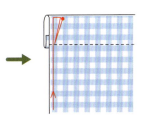

返し縫いでスタート　3辺を縫う　反対側も同様に返し縫い

1 ポケット口の角のひと針手前で、針を差したままミシンを止めます。

2 押さえ金を上げます。

3 針を刺したまま、布をぐるりと90度回転させます。

4 ポケット口を縫います。これを繰り返します。

BASIC 3 piece set

\ Let's TRY! /
基本の3点セットを作りましょう

通園・通学のマストアイテムである、レッスンバッグ・シューズケース・体操着入れの3点セット。
P.4 リボン&レースのセットの3点の作り方を写真でわかりやすく解説します。

30
← 40 →
マチ5cm

レッスンバッグ

大きめの本やノート、道具類を入れるバッグ。

27
← 25 →
マチ8cm

シューズケース

上ばきを入れるバッグ。マチを大きめにすることでラクラク出し入れできます。

36
← 35 →
マチなし

体操着入れ

体操着やお着替えを入れる袋。巾着の口がとじやすいように、やや薄地で作っています。

ストライプのセット

レッスンバッグ
Photo：P.4

縦30×横40cm
マチ5cm

材料

● 布
　表布（オックス・紺）…70×70cm
　中袋用布（シーチング・ベージュ）…80×70cm

● その他の材料
　● 1cm幅リボン（ベージュ）…120cm
　● 1cm幅レース（白）…45cm
　● 直径1.3cmプラホック（ベージュ）…1組

裁ち方図

※単位はcm
※指定外は縫い代1cm

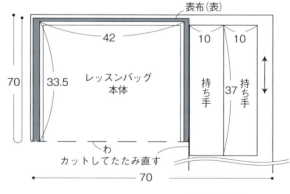

※わかりやすいように材料の色を変え、糸の色を赤にして解説しています。

1 布を裁つ

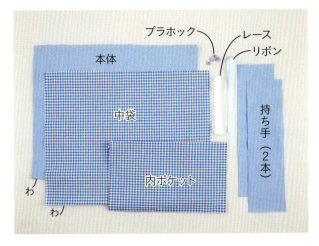

裁ち方図を見て布を裁ちます。

2 持ち手を作る

1

持ち手布の長辺を中心で突き合わせて折り、アイロンをかけます。さらに中心から半分に折り、アイロンをかけます。

2

折った布端から0.2cm内側をミシンで縫います。縫い線は引かず、押さえ金の幅を目安に縫います。

3

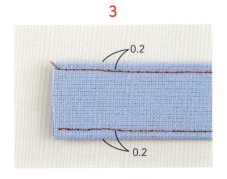

反対側も同様に0.2cm内側を縫います。

4

もう1本の持ち手を同様に折ってアイロンをかけ、ミシンで縫います。

3 本体にリボンとレースを付ける

1

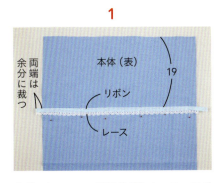

リボンとレースの付け位置にレース→リボンの順に重ね、まち針で留めます。

2

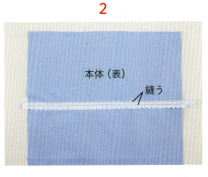

リボンの端から0.1cm内側にミシンを2本かけます。

3

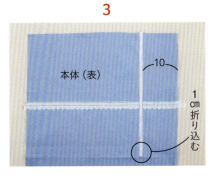

縦にリボンを重ね、端から0.1cm内側にミシンを2本かけます。底中心側は1cm折り込み、3辺を続けて縫います。

4

35cmに切ったリボンをリボン結びし、長さを合わせて切りそろえます。ほつれやすい場合はほつれ止めを塗ります（P.39参照）。

5

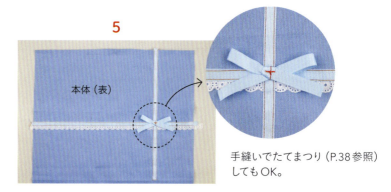

手縫いでたてまつり（P.38参照）してもOK。

リボンが交差したところに**4**のリボンを置き、十字にミシンをかけます。

4 持ち手を付ける

1

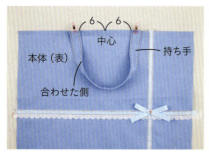

持ち手をバッグの中心から6cmの位置に仮止めします。仮止めクリップがあると便利。布を合わせた側を内側にしましょう。

2

0.5cm内側をミシンで縫います。このミシン目はあとで隠れます。

3

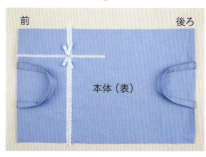

もう片側の持ち手も同様に縫います。

5 内ポケットを付ける

1

内ポケットを裁ち、左右と底の3辺にジグザグミシンをかけ、ポケット口を1→2cmの三つ折りにします。

2

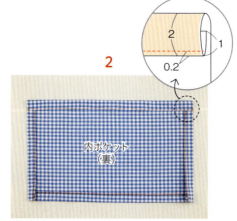

内ポケット口の折り山から0.2cm内側を縫います。

3

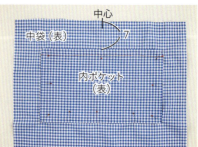

中袋と内ポケットの中心を合わせて重ね、まち針で留めます。

4

図のようにひと筆描きで内ポケットを縫い付けます。

5

角をミシンで縫うときは、針を刺したままで押さえ金を上げて布を回転させます（P.39参照）。

6

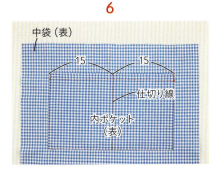

内ポケットの中心に仕切り線を引いて、線上を縫います。

6 口と脇を縫う

1

本体と中袋の表と表を合わせます。これを「中表に合わせる」と言います。口側にまち針を留めます。

2

左右の口側を縫い代1cmで縫います。縫い線は引かず、ミシンの針板の目盛りに合わせて縫います。

3

本体同士、中袋同士の口を合わせてたたみ直し、左右の底中心で折ります。

7 マチを縫い、表に返す

1

口の縫い線がズレないようにまち針で留め、脇を縫い代1cmで縫います。中袋の片方の脇は返し口として12cmほど縫い残します。

2

4カ所のマチを縫います。脇と底中心を合わせて三角形に折りたたみ、中心から左右にそれぞれ2.5cmを測って線を引きます。

3

線上を2回縫います。同様に本体と中袋で合計4カ所のマチを縫います。

4

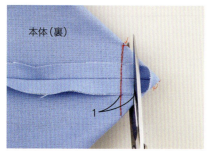

縫い代を1cm残して三角の部分をはさみでカットします。

5

返し口から表に返します。

6

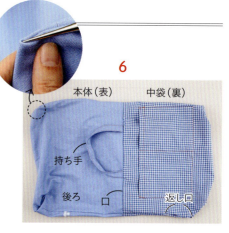

4カ所のマチは目打ちで引っ張り出して整えます。

8 口を縫い、返し口をとじる

1

返し口から手を入れ、脇の縫い代を割ってから口を折り、表から仮止めクリップで押さえます。反対側も同様にして口を押さえます。

2

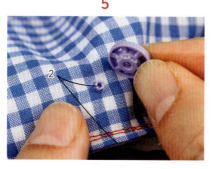

中袋をすべて本体に入れ、口をぐるりと仮止めクリップで留めます。

3

本体の表側から口の内側0.3cmをミシンで縫います。丈夫に仕上げるため、同じところを2周縫います。

4

返し口は折り山から内側0.2cmを縫ってとじます。手縫いで仕上げたい場合は、コの字とじ(P.38参照)でとじます。

5

口側の中心から2cm下に表から目打ちで穴を開け、プラホックを付けます(P.39参照)。

Finish!

※わかりやすいように材料の色を変え、糸の色を赤にして解説しています。

シューズケース
Photo：P.4

縦27×横25cm
マチ8cm

材料
- 布
  - 表布（オックス・紺）…55×70cm
  - 中袋用布（撥水加工生地・紺）…30×70cm
- その他の材料
  - 1cm幅リボン（ベージュ）…100cm
  - 1cm幅レース（白）…30cm
  - 直径1.3cmプラホック（ベージュ）…1組

裁ち方図
※単位はcm　※指定外は縫い代1cm

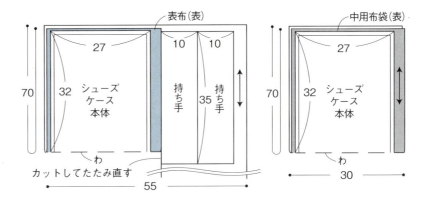

1 布を裁つ

裁ち方図を見て布を裁ちます。

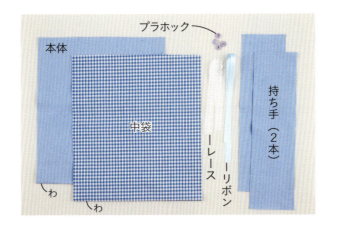

2 持ち手を作る

1
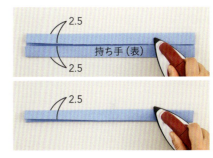

持ち手の布の長辺を中心で突き合わせて折り、アイロンをかけます。さらに中心から半分に折り、アイロンをかけます。

2

折った布端から0.2cm内側をミシンで縫います。縫い線は引かず、押さえ金の幅を目安に縫います。

3
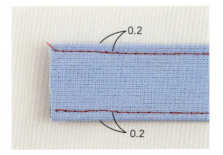

反対側も同様に0.2cm内側を縫います。

4

もう1本の持ち手を同様に折ってアイロンをかけ、ミシンで縫います。

45

3 本体にリボンとレースを付ける

1

リボンとレースを縦に重ね、リボン端の内側0.1cmにミシンを2本かけ、さらに横にリボンを重ねて縫い付けます（P.41参照）。

2

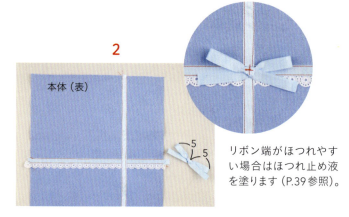

リボンを35cmに切ってリボン結びします。本体のリボンが交差したところに置き、結んだリボンをミシンで十字に縫い留めます（P.42参照）。

リボン端がほつれやすい場合はほつれ止め液を塗ります（P.39参照）。

4 持ち手を付ける

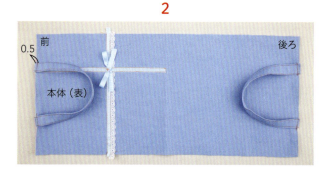

1

持ち手を本体の中心から5cmの位置に仮止めします。仮止めクリップがあると便利。布を合わせた側を内側にしましょう。

2

0.5cm内側をミシンで縫います。このミシン目はあとで隠れます。もう片側の持ち手も同様に縫います。

5 口を縫います

1

本体と中袋の表と表を合わせます。これを「中表に合わせる」と言います。口側にまち針を留めます。

2

左右の口側を縫い代1cmで縫います。縫い線は引かず、ミシンの針板の目盛りに合わせて縫います。

6 脇とマチを縫う

1

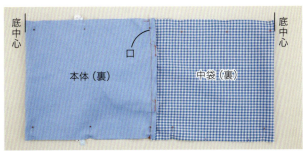

本体同士、中袋同士の口を合わせてたたみ直し、左右の底中心で折ります。

2

口の縫い線がズレないようにまち針で留め、脇を縫い代1cmで縫います。中袋の片方の脇は返し口として12cmほど縫い残します。

3

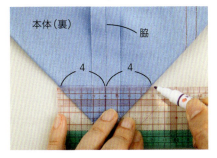

4カ所のマチを縫います。脇と底中心を合わせて三角形に折りたたみ、中心から左右にそれぞれ4cmを測って線を引きます。

4

線上を2回縫います。同様に本体と中袋で合計4カ所のマチを縫います。

5

縫い代を1cm残して三角の部分をはさみでカットします。

6

4カ所のマチが縫えました。

7 表に返す

1

返し口から表に返します。

2

4カ所のマチは目打ちで引っ張り出して整えます。

8 口を縫い、返し口をとじる

1

返し口から手を入れ、脇の縫い代を割ってから口を折り、表から仮止めクリップで押さえます。

2

反対側の脇も同様にして折って、口を押さえます。中袋をすべて本体に入れ、口をぐるりと仮止めクリップで留めます。

3
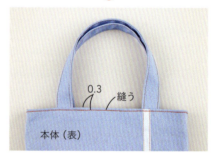
本体の表側から口の内側0.3cmをミシンで縫います。丈夫に仕上げるため同じところを2周縫います。

4

返し口は折り山から内側0.2cmを縫ってとじます。手縫いで仕上げたい場合は、コの字とじ（P.38参照）でとじます。

5

口側の中心から2cm下に表から目打ちで穴を開け、プラホックを付けます（P.39参照）。

Finish!

体操着入れ
Photo：P.4

縦36×横35cm

材料

● 布
　表布（ブロード・紺）…80×40cm

● その他の材料
　● 1cm幅リボン（ベージュ）…115cm
　● 1cm幅レース（白）…40cm
　● 直径0.5cm丸ひも（紺）…200cm

裁ち方図 ※単位はcm　※指定外は縫い代1cm

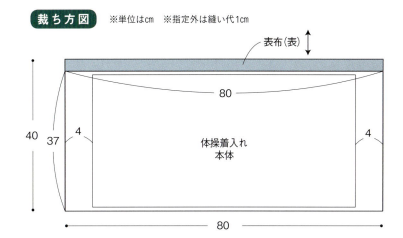

1 布を裁つ

裁ち方図を見て布を裁ち、両脇の縫い代にジグザグミシンをかけます。

2 リボンとレースを付けて脇を縫う

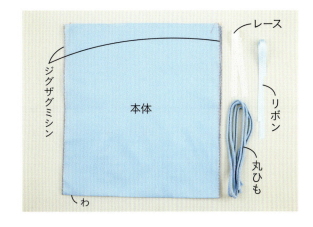

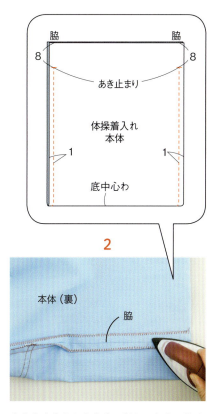

1 本体にリボンとレースを縫い付けます。さらに35cmに切ったリボンをリボン結びして、交差したところにミシンで十字に縫い留めます（P.41～P.42参照）。

2 本体を底中心から中表に折り、左右の脇を縫い代1cmであき止まりまで縫います。縫い代はアイロンで割ります。

3 ひも通しを縫う

1
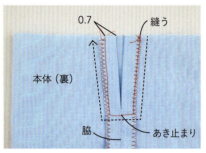
割った縫い代が戻らないように、折り山から内側0.7cmをコの字形に縫います。

2
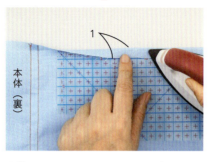
巾着の口を三つ折りにします。まず1cm折ってアイロンをかけます。アイロン定規があると便利です。

3
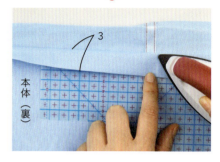
さらに3cm折ってアイロンをかけます。

4
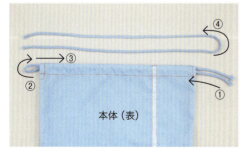
三つ折りにした折り山から0.2cm内側を、本体の裏側から見て縫います。ひも通しが縫えました。

4 ひもを通す

1

丸ひもを100cm×2本に切り、ゴム通しなどの道具を使ってひも通し口の右から通します。

2
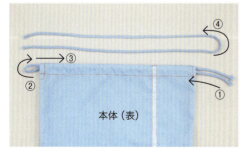
①から通して左側に出したら、後ろ側の②から右に出します。もう1本は左の③から通して右に出し、後ろ側の④を通って左に出します。

3

丸ひもの端を結び、結んだひもの先を切りそろえます。

Finish!

Column 1

サイズ調整の仕方

レッスンバッグ

通園・通学とも標準サイズは縦30×横40cmが多いレッスンバッグ。中高学年になり、もう少し容量が大きいものが欲しくなった場合は、マチを付けて作ります。

マチ付きに変更

マチなしのバッグの型紙を5cmのマチ有りに変更する場合、縦に5cmを足して裁ちます。巾着やシューズケースも同様に。

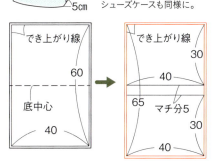

お弁当袋

持っているお弁当箱に合わせてサイズを調整しましょう。

P.18のお弁当袋は、約10（△）×15（★）×高さ5（●）cm程度のお弁当箱がラクラク入り、ランチョンマットも入ります。もしもう少し大きい（または小さい）サイズにしたい場合は、△★●の数字を変えます。

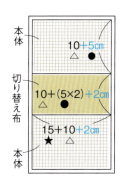

大きさを合わせる

お弁当箱の縦△・横★・高さ●を測り、図式に当てはめてサイズを出します。青文字の＋2〜5cmはゆとり分です。ぴったりサイズでは出し入れしにくいため、ゆとりは十分に！

スモック

子どもはすぐに成長してしまうため、大きめに作りますが、袖が長すぎると動き回るのに不便です。簡易的に袖を詰める方法と、型紙から変える方法をご紹介します。

袖丈を短くする

袖丈を4〜6cm程度を短くしたいなら二の腕あたりを折って縫っておきます。成長したらほどくため、粗い縫い目のミシンか手縫いで縫いましょう。4cm短くするなら折って2cmのところを縫います。

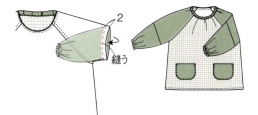

型紙の着丈と袖丈を変更

型紙をそのまま拡大・縮小してしまうと、全体のシルエットが崩れたり、身頃と袖ぐりが合わなくなったりします。着丈や袖丈の2〜4cmの調節であれば比較的かんたんにできます。

● **2cm長くする場合**

左右の線を延長して2cmを測り、元のでき上がり線と裁ち線と平行に線を引きます。袖の縫い代線は、裾が広がるように引きます。

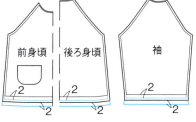

● **2cm短くする場合**

元のでき上がり線と裁ち線の2cm上に平行な線を引きます。袖の縫い代線は、裾が広がるように引きます。

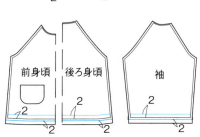

Column 2

お名前付けと目印グッズ

入園入学の準備の中で、手間はかかるけれど大事な作業がお名前付け。
せっかく作った手作りのバッグや小物にもお名前を付けましょう。
お名前付けや目印に便利なグッズとポイントをご紹介します。

油性ペン
布製のネームラベルに書いてもにじまない名前書き専用ペン。布以外にも金属やプラスチック、紙にも書けます。

市販の織ネーム
ネットでオーダーできる布製のラベル。糸を織り込んだり、刺しゅうで仕上げてあり、布製品に縫い付けることができます。

お名前を付ける場所

通学時に使うバッグなどは、防犯上の理由で名前を内側に付けるように指定する学校も増えています。あらかじめネームテープを中袋に縫い付けておいて仕上げると簡単です。

ネームテープ（アイロン接着）
必要な長さに切り、油性ペンで名前を書き、アイロンで接着します。当て布を当てて表綿からアイロンをかけたあと、裏面からもアイロンをかけます。

ネームテープ（アイロン不要）
名前を書いて切り離し、はくり紙をはがして接着するだけ。四隅の角を丸くカットすることではがれにくくなります。洗濯可能のタイプですが、洗濯するときは弱をおすすめ。

アイロン転写ネーム
切り取って表と裏の両方からアイロンをかけ、完全に冷えたら表面のシートをはがして油性ペンで名前を書きます。

ワッペン
まだ字が読めない子のための目印用のワッペン。表からと裏から当て布を当ててしっかりとアイロンをかけて接着します。

アイロンシート
キラキラ光るラメのアイロンシート。シートを自分で切ることもできますが、さまざまな形にカットされたシートも市販されています。P.24の水筒カバーに使用。

HOW TO MAKE

作品の作り方

(作り始める前に、P.34〜39のソーイングの基本と、
P.40〜50の基本の3点セットの作り方を確認しましょう。)

- 図中の数字の単位はcmです。
- 作品のサイズは目安です。
- 裁ち方図の数字には縫い代が含まれています。
  特に記載がない場合は1cmの縫い代で縫います。
- 裁ち方図の配置は目安です。入れたい柄がある場合や、
  手元にある布の幅が違う場合は配置を適宜変えましょう。

ストライプのセット Photo：P.6

材料

● 布
- 表布　（オックス・ストライプ）110×50cm
- 別布A　（オックス・青）110×20cm
- 別布B　（オックス・黄）50×35cm
- 中袋用布　（シーチング・黄）110×70cm

● その他の材料
- 接着芯…50×35cm
- 内寸2.5cmDカン（黄）…1個
- 直径1.5cmループエンド（黄）…2個
- 直径0.4cm丸ひも（黄）…150cm

レッスンバッグ
縦30×横40cm

体操着入れ
縦34×横30cm

シューズケース
縦28×横20cm

裁ち方図　※単位はcm　※指定外は縫い代1cm

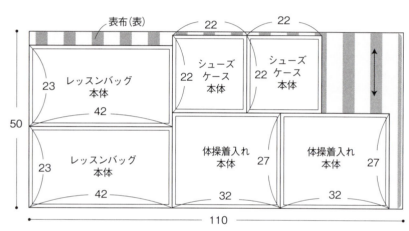

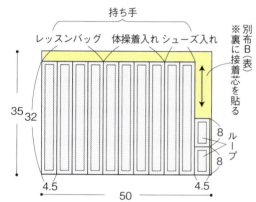

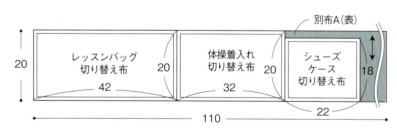

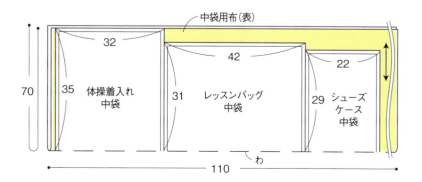

レッスンバッグ

持ち手の作り方
※体操着入れ
シューズケース共通

❶
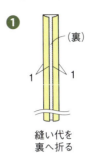
縫い代を裏へ折る

❷
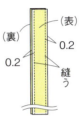
2枚を外表に合わせて0.2cm内側を縫う

仕立て方

❶
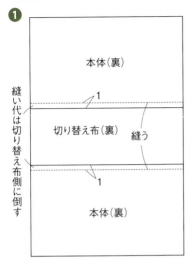
本体2枚と切り替え布を中表に合わせて縫う

❷
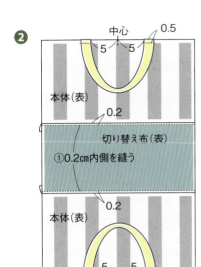
②本体に持ち手を重ねて0.5cm内側を縫う

❸
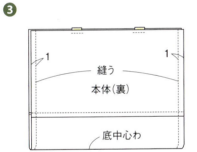
本体を中表に折り、両脇を縫う
※中袋も同様に作る

❹

表に返して口の縫い代を裏へ折る

❺

中袋の口の縫い代を裏へ折り、本体の内側に入れる

❻
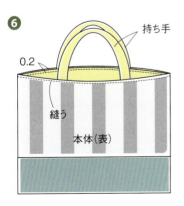
口の0.2cm内側を縫う

体操着入れ

仕立て方

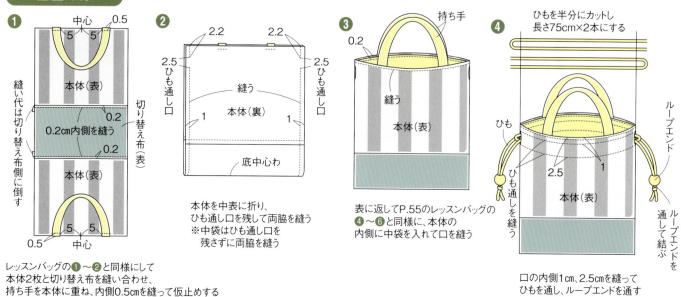

レッスンバッグの❶～❷と同様にして
本体2枚と切り替え布を縫い合わせ、
持ち手を本体に重ね、内側0.5cmを縫って仮止めする
※持ち手の作り方はP.55のレッスンバッグ参照

本体を中表に折り、
ひも通し口を残して両脇を縫う
※中袋はひも通し口を
　残さずに両脇を縫う

表に返してP.55のレッスンバッグの
❹～❻と同様に、本体の
内側に中袋を入れて口を縫う

口の内側1cm、2.5cmを縫って
ひもを通し、ループエンドを通す

シューズケース

ループの作り方

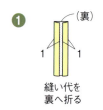

縫い代を裏へ折る

2枚を外表に
合わせて
0.2cm内側を縫う

半分に折ってDカンを通し、
ミシンで縫って仮止めする

仕立て方

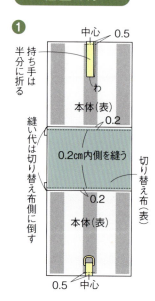

P.55のレッスンバッグの❶～❷と同様にして
本体2枚と切り替え布を縫い合わせ、
持ち手とループを本体に重ね、
内側0.5cmを縫って仮止めする
※持ち手の作り方は
　P.55のレッスンバッグ参照

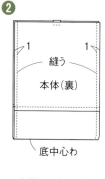

本体を中表に折り、
両脇を縫う
※中袋も同様に作る

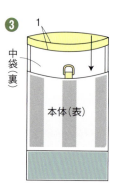

表に返してレッスンバッグの
P.55の❹～❻と同様に、
本体の内側に中袋を入れる

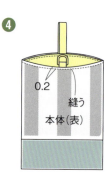

口の0.2cm内側を縫う

ポップフラワーのセット Photo：P.8

材料

布
- 表布（キャンバス・花柄）110×50cm
- 別布（キャンバス・オレンジ）110×40cm
- 中袋用布（シーチング・オレンジ）110×70cm

その他の材料
- 接着芯…45×40cm
- 内寸2.5cmDカン（白）…1個
- 直径1.5cmループエンド（白）…2個
- 直径0.4cm丸ひも（白）…150cm

レッスンバッグ	体操着入れ	シューズケース
縦30×横40cm	縦34×横30cm	縦28×横20cm

裁ち方図
※単位はcm　※指定外は縫い代1cm

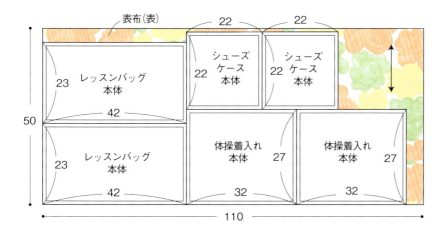

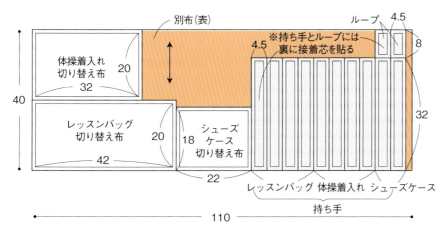

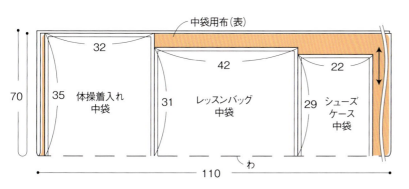

仕立て方

レッスンバッグ ▶ P.55と共通

体操着入れ ▶ P.56と共通

シューズケース ▶ P.56と共通

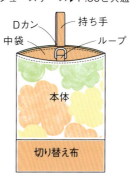

パッチワークのセット Photo：P.10

材料

布
- 表布（ブロード・水玉）110×50cm
- 別布A（ブロード・黄）70×30cm
- 別布B（ツイル・黒）110×30cm
- 別布C（ブロード・グリーン）60×40cm
- 中袋用布（厚手シーチング・生成り）110×80cm

その他の材料
- 接着芯…60×40cm
- 内寸2.5cm角カン（アンティークゴールド）…1個
- 直径0.5cm丸ひも（グレー）…200cm

レッスンバッグ
縦30×横40cm

体操着入れ
縦34×横30cm

シューズケース
縦26×横24cm
マチ6cm

裁ち方図 ※単位はcm ※指定外は縫い代1cm

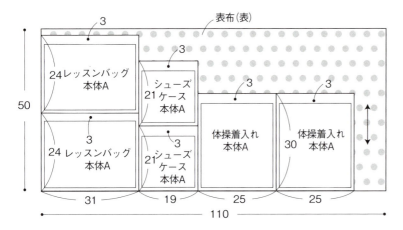
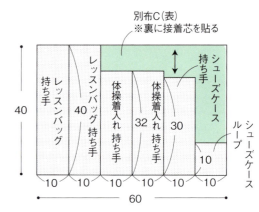
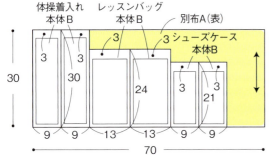
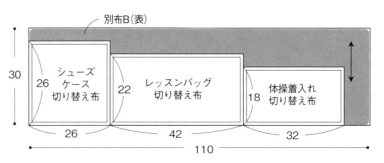
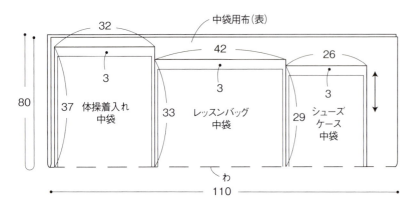

レッスンバッグ

持ち手の作り方

※体操着入れ、
シューズケース、
シューズケースのループと共通

❶
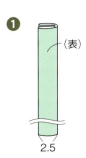
外表に四つ折りにする

❷
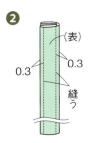
0.3cm内側を縫う

❸

シューズケースのループも
❶〜❷と同様に作り、
角カンを通して
ミシンで縫って仮止めする

仕立て方

❶
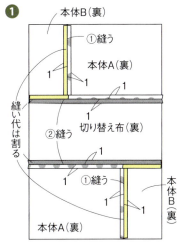
①本体A・Bを中表に重ねて縫い代1cmで縫う
②本体A・Bを2枚作り、切り替え布と縫い合わせる

❸

❶の本体と中袋を中表に合わせて、口の内側3cmを縫う

❺
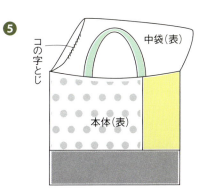
表に返して中袋の返し口をコの字とじ(P.38参照)でとじる

❷
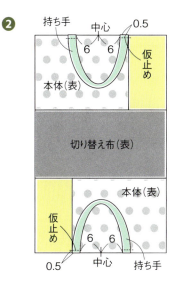
表に返して本体に持ち手を重ねて0.5cm内側を縫う

❹
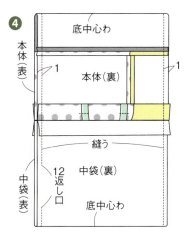
本体同士、中袋同士の口を合わせてたたみ直し、返し口を残して両脇を縫う

❻
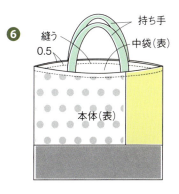
中袋を内側に入れて口の0.5cm内側を縫う

体操着入れ

仕立て方

❶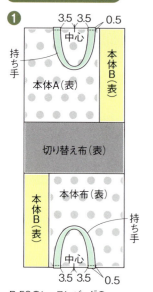

P.59のレッスンバッグの
❶～❷と同様にして本体A、Bと
切り替え布を縫い合わせる
本体に持ち手を重ねて0.5cm内側を縫う
※持ち手の作り方はP.59参照

❷

❶の本体と中袋を
中表に合わせて、
口の内側3cmを縫う

❸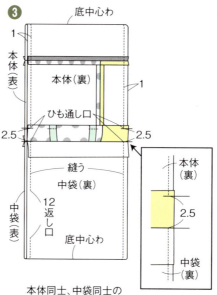

本体同士、中袋同士の
口を合わせてたたみ直し、
ひも通し口と返し口を残して
両脇を縫う

❹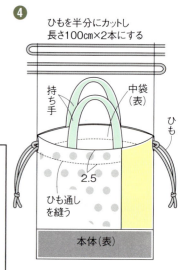

表に返して返し口を
コの字とじ(P.38参照)でとじる
中袋を内側に入れて
口の内側2.5cmを縫って
ひも通しを作り、ひもを通す

シューズケース

仕立て方

❶

P.59のレッスンバッグの❶～❷と
同様にして本体A、Bと
切り替え布を縫い合わせる
本体に持ち手を重ねて
0.5cm内側を縫う
※持ち手の作り方はP.59の
のレッスンバッグと同様

❷

❶の本体と中袋を
中表に合わせて、
口の内側3cmを縫う

❸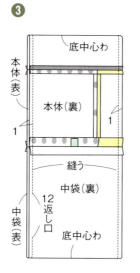

本体同士、中袋同士の
口を合わせてたたみ直し、
返し口を残して両脇を縫う

❹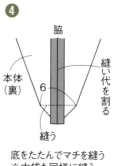

底をたたんでマチを縫う
※中袋も同様に縫う

❺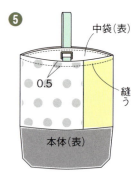

表に返して返し口を
コの字とじ(P.38参照)でとじる
中袋を内側に入れて
口の内側0.5cmを縫う

ピンクのフリルのセット　Photo：P.12

材料

● 布
- 表布　（リバティプリント）110×30cm
- 別布　（ダンガリー・ピンク）110×80cm
- 中袋用布A　（ブロード・白）35×85cm
- 中袋用布B　（キルティング生地・白）70×70cm

● その他の材料
- 2.5cm幅持ち手用テープ（ピンク）…105cm
- 2cm幅綾テープ（ピンク）…50cm
- 直径0.3cm丸ひも（ピンク）…150cm
- 内寸2.5cm幅Dカン（ピンク）…1個
- 1.2cm幅伸び止めテープ…220cm

レッスンバッグ　縦30×横40cm　マチ4cm
体操着入れ　縦40×横30cm
シューズケース　縦25×横20cm　マチ4cm

裁ち方図

※単位はcm
※指定外は縫い代1cm

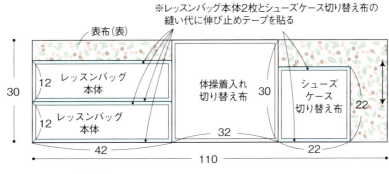

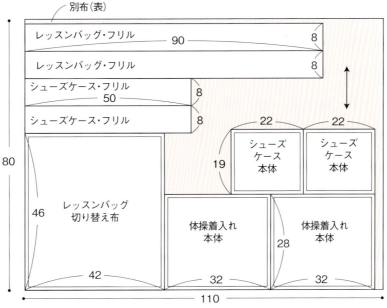

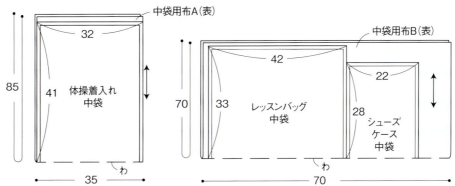

レッスンバッグ

フリルの作り方
※シューズケースと共通

❶
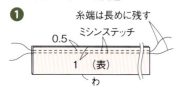
外表に半分に折り、粗い針目でミシンを2本かける

❷
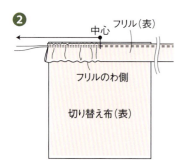
切り替え布と中心を合わせて重ね、フリル左側の下糸2本を引いてフリルを引き絞り、中心から左側にギャザーを寄せる

❸

❷と同じ要領でフリル右側の下糸2本を引いてフリルを引き絞り、中心から右側にギャザーを寄せる

❹
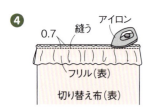
ギャザーが均等になるように整え、0.7cm内側を縫って縫い代をアイロンで押さえる
❶で縫ったミシン糸をほどく
※切り替え布の反対側にもフリルを同様に縫い付ける

仕立て方

❶
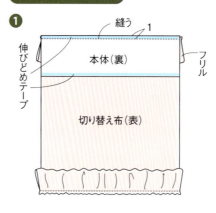
本体と切り替え布を中表に合わせて縫う
※切り替え布の反対側にも本体を縫う

❸
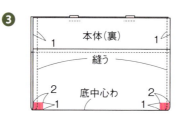
本体を中表に折って両脇を縫い、底の両角（ピンクの部分）をカットする

❺
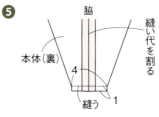
底をたたんでマチを縫う
※中袋も同様に縫う

❼
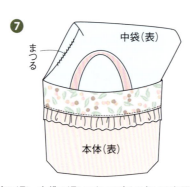
表に返し、中袋の返し口をコの字とじ（P.38参照）でとじる

❷
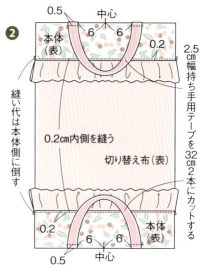
本体を表に返して本体の内側0.2cmを縫い、持ち手を重ねて0.5cm内側を縫う

❹
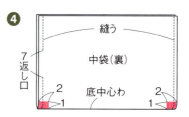
中袋を中表に折って返し口を残して両脇を縫い底の両角（ピンクの部分）をカットする

❻

表に返した本体を中袋の内側に入れて口を縫う

❽

中袋を内側に入れ、口の内側0.5cmを縫う

体操着入れ

仕立て方

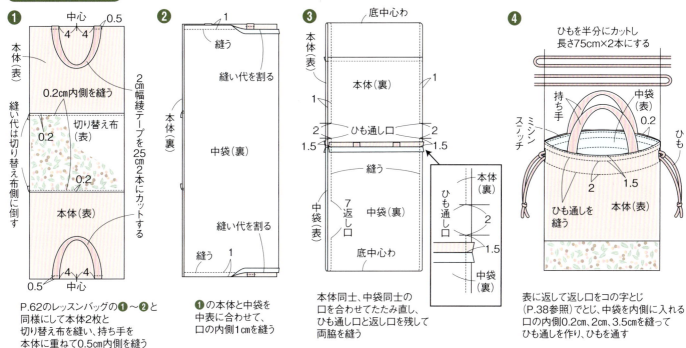

シューズケース

仕立て方

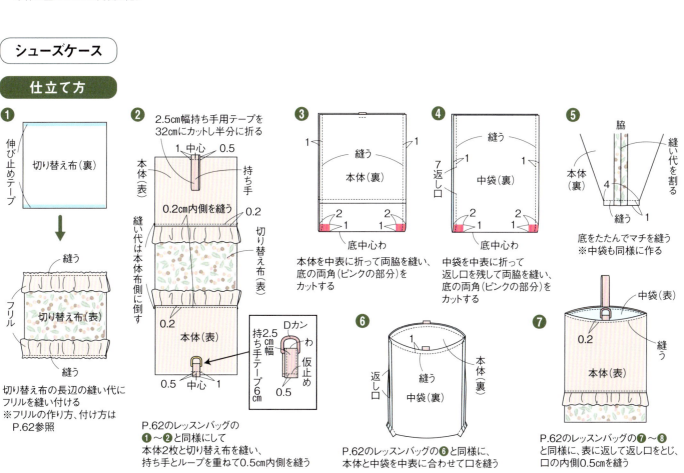

刺しゅうヌビのセット　Photo：P.14

材料

布
- 表布　（ヌビ生地・ブルー）110×75cm
- 別布　（シーチング・生成り）35×10cm
- 中袋用布（コットンリネン・生成り）100×70cm

その他の材料
- 3cm幅持ち手用テープ（生成り）…96cm
- 内寸3cm Dカン（茶）…1個
- 直径0.5cm丸ひも（生成り）…200cm

レッスンバッグ　縦30×横40cm

体操着入れ　縦34×横30cm

シューズケース　縦25×横23cm　マチ7cm

裁ち方図
※単位はcm　※指定外は縫い代1cm

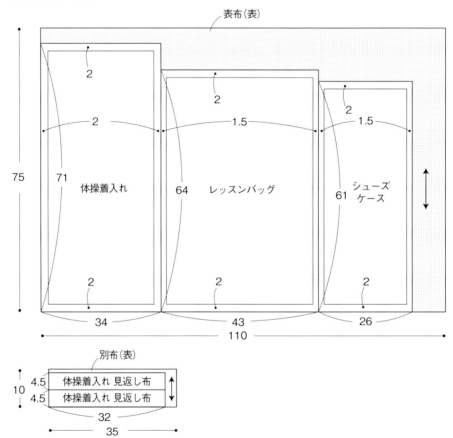

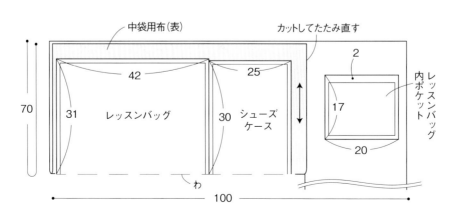

64

レッスンバッグ

内ポケットの作り方

❶
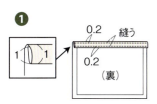
ポケット口を三つ折りにして縫う

❷
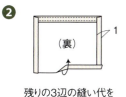
残りの3辺の縫い代を裏へ折る

❸
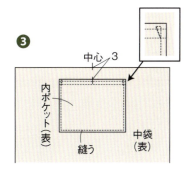
中袋と中心を合わせて重ね、縫い付ける
※ポケットの付け方はP.39参照

仕立て方

❶

本体を中表に折り、両脇を縫い代1.5cmで縫う
※中袋も同様に作る

❷
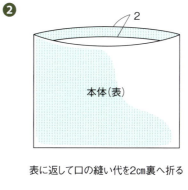
表に返して口の縫い代を2cm裏へ折る

❸
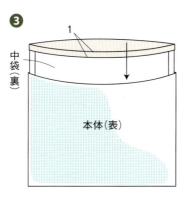
中袋の口の縫い代を1cm裏へ折り、本体の内側に入れる

❹
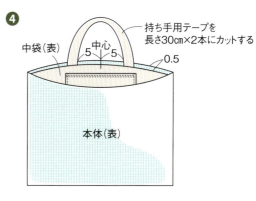
持ち手用テープを長さ30cm×2本にカットする
本体と中袋の間に持ち手をはさんで仮止めする
※手前側も同様にする

❺
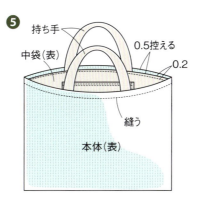
中袋の口の内側0.2cmを縫う

体操着入れ

仕立て方

❶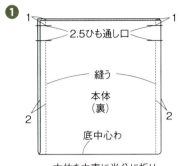

本体を中表に半分に折り、ひも通し口を残して両脇を縫い代1.5cmで縫う

❷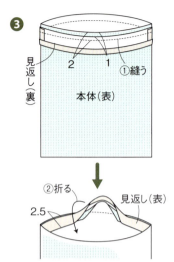

両脇の縫い代を三つ折りにし、底中心から3cm上の0.3cm内側を縫う

❸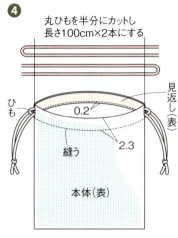

①表に返した本体に見返しを中表に重ねて口を縫う
②縫い目から見返しを裏へ折る

❹

丸ひもを半分にカットし長さ100cm×2本にする

見返しの内側0.2cmを縫って丸ひもを通す

見返しの作り方

❶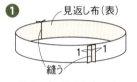

見返し布2枚を中表に合わせ輪に縫って縫い代を割る

❷

下部の縫い代を裏へ折る

シューズケース

仕立て方

❶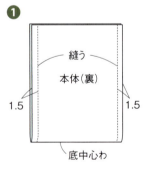

本体を中表に折って両脇を縫い代1.5cmで縫う
※中袋は縫い代1cmで同様に縫う

❷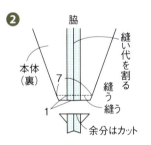

底をたたんでマチを縫い、余分な縫い代をカットする
※中袋も同様に作る

❸

表に返して口の縫い代2cmを裏へ折る

❹

中袋の口の縫い代を1cm裏へ折り、本体の内側に入れる

❺❻

❺ 持ち手用テープを30cmにカットし半分に折る

本体と中袋の間に持ち手とループをはさんで仮止めする

❻ 中袋の口の内側0.2cmを縫う

ピンク&チェリーのランチセット Photo：P.16

材料

布
- 表布　（ダンガリー・ピンク）110×35cm
- 別布A　（リバティプリント）90×30cm
- 別布B　（ダンガリー・ピンクのギンガムチェック）60×30cm
- 中袋用布　（ブロード・白）50×60cm

その他の材料
- 直径0.3cm丸ひも（ピンク）…230cm
- 2.5cm幅面ファスナー…5cm

お弁当袋
縦22×横26cm
マチ10cm

コップ入れ
縦20×横18cm
マチ6cm

ランチョンマット
縦25×横35cm

カトラリー入れ
縦10×横20cm

裁ち方図
※単位はcm　※指定外は縫い代1cm

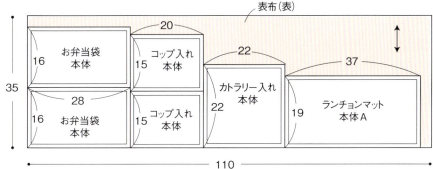
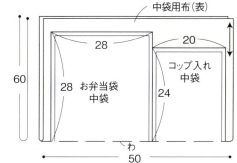
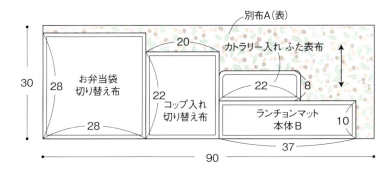
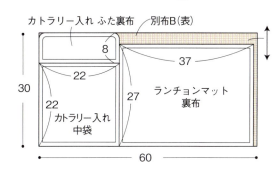

型紙

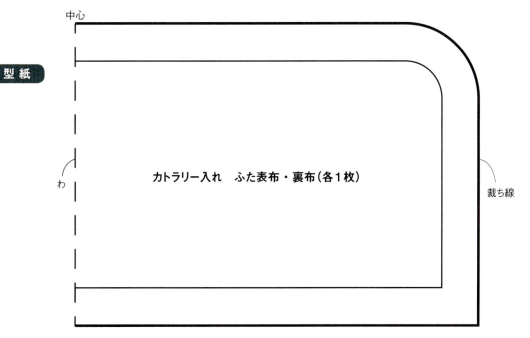

お弁当袋

仕立て方

❶

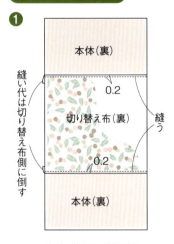

本体2枚と切り替え布を
中表に合わせて縫い、
内側0.2cmを縫う

❷

本体と中袋を中表に合わせて
上下の口の内側1cmを縫う

❸

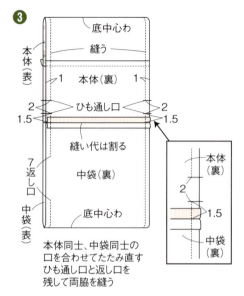

本体同士、中袋同士の
口を合わせてたたみ直す
ひも通し口と返し口を
残して両脇を縫う

❹

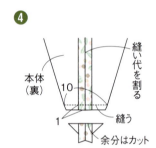

底をたたんでマチを縫い、
余分な縫い代をカットする
※中袋も同様に作る

❺

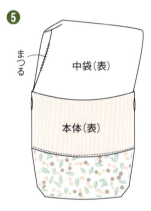

表に返して中袋の返し口を
コの字とじ(p.38参照)でとじる

❻

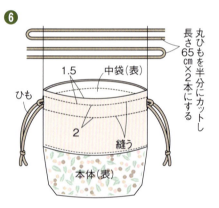

中袋を内側に入れる
口の内側3.5cm、1.5cmを縫って
ひも通しを作り、ひもを通す

ランチョンマット

仕立て方

❶

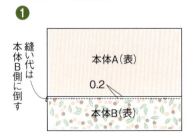

本体AとBを2枚を中表に合わせて縫い、
0.2cm内側を縫う

❷

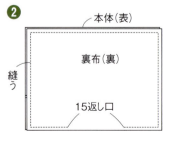

本体と裏布を中表に合わせ、
返し口を残して縫う

❸

表に返して返し口の縫い代を折り込み
周囲の内側0.2cmをぐるりと縫う

コップ入れ

仕立て方

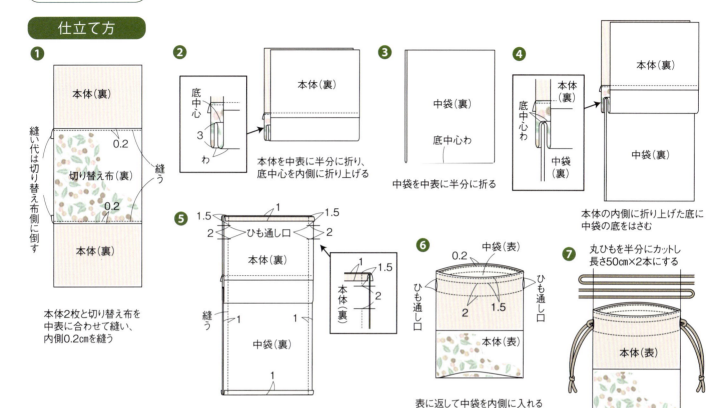

カトラリー入れ

ふたの作り方

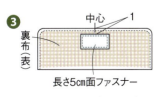

仕立て方

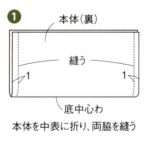

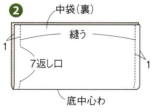

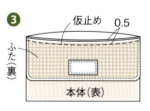

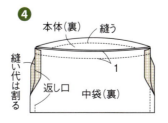

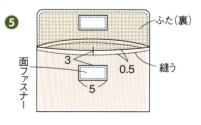

リボンのランチセット Photo：P.17

材料

布
- 表布（ブロード・紫）110×60cm
- 別布（ブロード・紫水玉）60×30cm

その他の材料
- 直径0.5cm丸ひも（白）…200cm
- 直径1.5cmループエンド（白）…3個
- A用1.2cm幅グログランリボン（紫）…200cm
- B用1.2cm幅グログランリボン（薄紫）…110cm

お弁当袋 縦22×横28cm マチ10cm

コップ入れ 縦21×横20cm

ランチョンマット 縦26×横36cm

裁ち方図
※単位はcm ※指定外は縫い代1cm

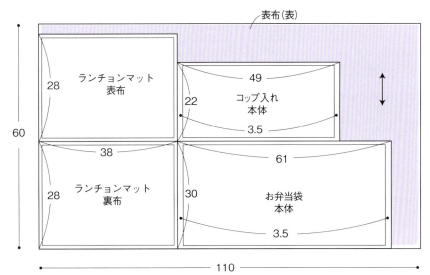

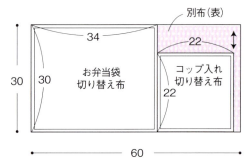

ランチョンマット

仕立て方

①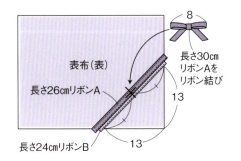

リボンAとBを重ね、リボンの0.2cm内側を縫う
縫い付けたリボンの中心に
リボン結びしたリボンを縫い付ける

②

表布と裏布を中表に合わせ、
縫い代1cmで返し口を残して縫う
四隅の縫い代（ピンク部分）を
三角にカットする

③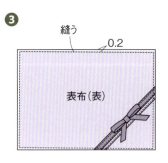

表に返して返し口の縫い代を折り込み、
内側0.2cmをぐるりと縫う

お弁当袋

仕立て方
※ジグザグミシンの図は省略

❶
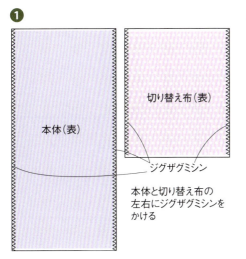
本体と切り替え布の左右にジグザグミシンをかける

❷
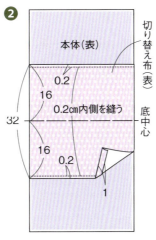
切り替え布の上下の縫い代を1cm裏へ折って本体の底に重ね、上下の0.2cm内側を縫う

❸
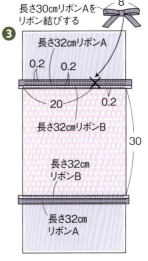
切り替え布の縁の上にリボンAとBを重ねてリボンの0.2cm内側を縫うリボン結びしたリボンを縫い付ける

❹
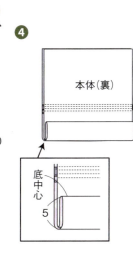
本体を中表に半分に折り、底中心を折り上げる

❺
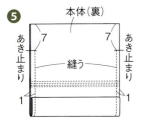
あき止まりから下の両脇を縫う

❻
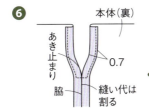
①あき止まりから上の折り山から0.7cmをコの字形に縫う

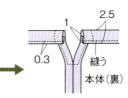
②口の縫い代を三つ折りにして折り山から0.3cmを縫う

❼

表に返して丸ひもを通し、ループエンドを付ける

コップ入れ

仕立て方
※ジグザグミシンの図は省略

❶
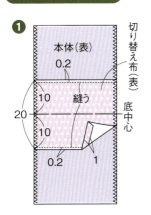
お弁当袋の仕立て方❶～❷と同様にして本体と切り替え布を縫う

❷
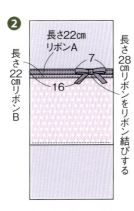
お弁当袋の仕立て方❸と同様にしてリボンを付ける

❸
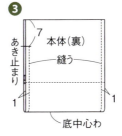
中表に半分に折り、両脇を縫う
片側はあき止まりまで縫う

❹
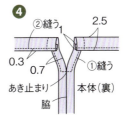
①お弁当袋の仕立て方❻と同様にしてあき止まりから上の折り山から0.7cmをコの字形に縫う
②口の縫い代を三つ折りにして折り山から0.3cmを縫う

❺

表に返して丸ひもを通し、ループエンドを付ける

ナチュラルなランチセット　Photo：P.18

材料

布
- 表布　（シーチング・柄）110×20cm
- 別布A　（シーチング・無地）90×35cm
- 別布B　（シーチング・柄）60×35cm

その他の材料
- 直径0.5cm丸ひも（こげ茶）…280cm

お弁当袋
縦21×横28cm
マチ10cm

コップ入れ
縦20×横16cm
マチ6cm

ランチョンマット
縦30×横40cm

ランチョンマット
縦30×横40cm

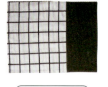

ランチョンマット
縦30×横40cm

裁ち方図　※単位はcm　※指定外は縫い代1cm

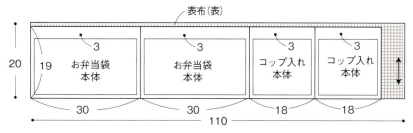

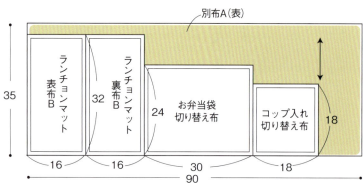

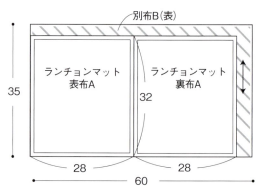

ランチョンマット

仕立て方　※P.19のランチョンマットと共通

①

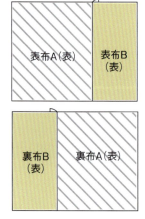

表布AとBを縫い合わせ、縫い代はB側に倒す
裏布は表布とAとBを入れ替えて縫う

②

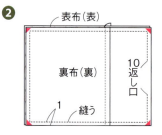

表布と裏布を中表に合わせ、
返し口を残して内側1cmを縫う
四隅の縫い代（ピンク部分）を
三角にカットする

③

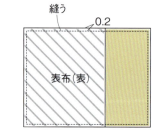

周囲の縫い代を割ってから
表に返して0.2cm内側をぐるりと縫う

お弁当袋

仕立て方 ※ジグザグミシンの図は省略

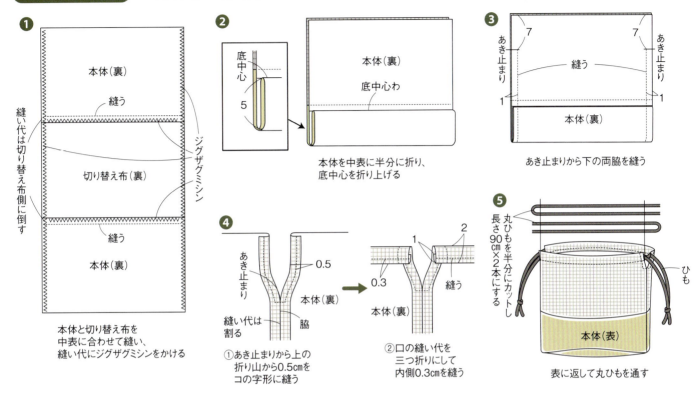

コップ入れ

仕立て方 ※ジグザグミシンの図は省略

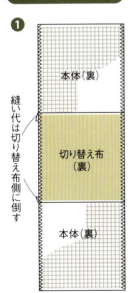

お弁当袋の仕立て方❶と同様にして本体と切り替え布を縫い、ジグザグミシンをかける

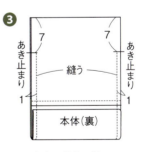

本体を中表に半分に折り、底中心を折り上げる

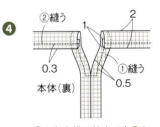

中表に半分に折り、両脇をあき止まりまで縫う

①お弁当袋の仕立て方❹と同様にしてあき止まりから上の折り山から0.5cmを縫う
②口の縫い代を三つ折りにして内側0.3cmを縫う

表に返して丸ひもを通す

スモックと三角巾 Photo：P.20

材料

布

〈長袖〉
表布（ブロード・チェック）110×85cm
別布（ダンガリー・緑）110×85cm

〈半袖〉
表布（綿麻シーチング・カラシ）110×85cm
別布（綿麻シーチング・生成り）110×70cm

その他の材料

〈長袖〉
- スモック用0.5cm幅ゴムテープ…95cm
- 三角巾用2cm幅ゴムテープ…15cm
- 直径0.5cm丸ひも（グレー）…180cm

〈半袖〉
- スモック用直径0.5cmゴムテープ…45cm
- 三角巾用2cm幅ゴムテープ…15cm
- 直径0.5cm丸ひも（こげ茶）…180cm

スモック 着丈51cm（120サイズ）　三角巾 縦29×横23cm（広げたところ）　巾着袋 縦30×横25cm

スモック 着丈51cm（120サイズ）　三角巾 縦29×横23cm（広げたところ）　巾着袋 縦30×横25cm

裁ち方図 ※単位はcm　※指定外は縫い代1cm

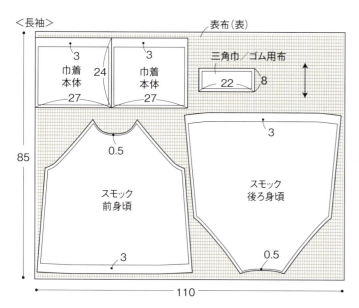
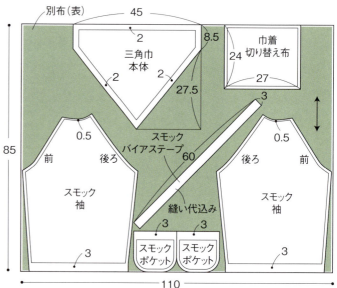
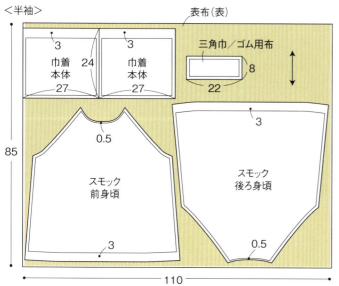
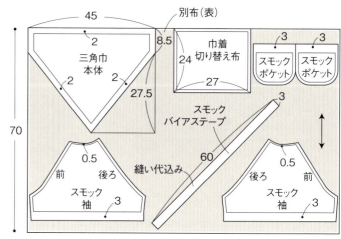

型紙 ※すべて40%縮小版
250%（2.5倍）に拡大コピーをして使用してください

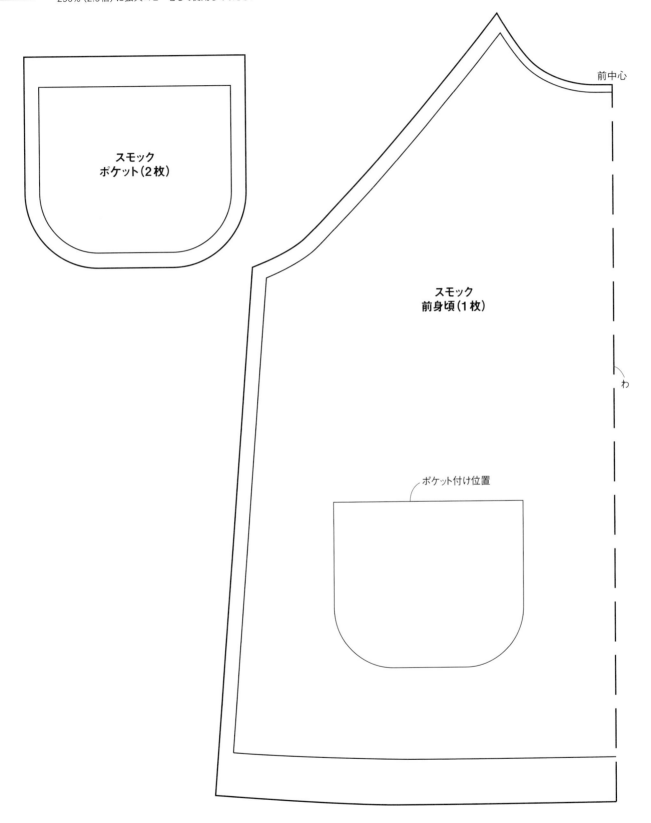

型紙

※すべて40％縮小版
250％（2.5倍）に拡大コピーをして使用してください

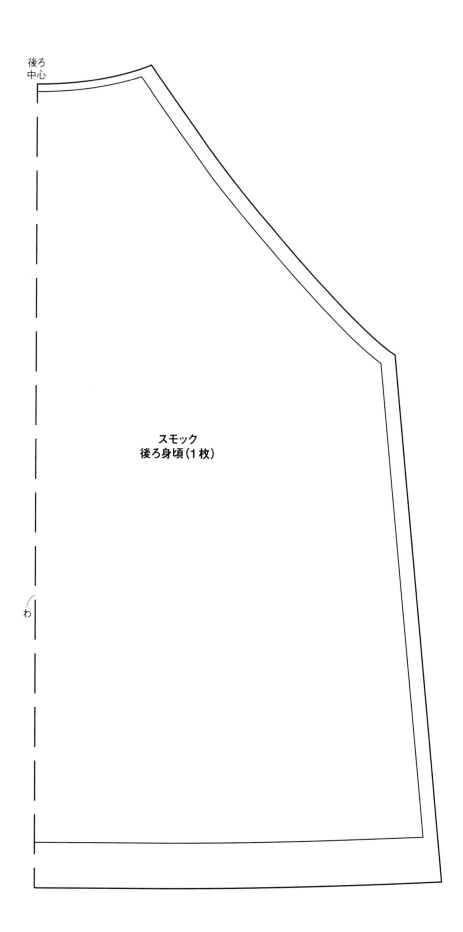

型紙

※すべて40%縮小版
250%（2.5倍）に拡大コピーをして使用してください

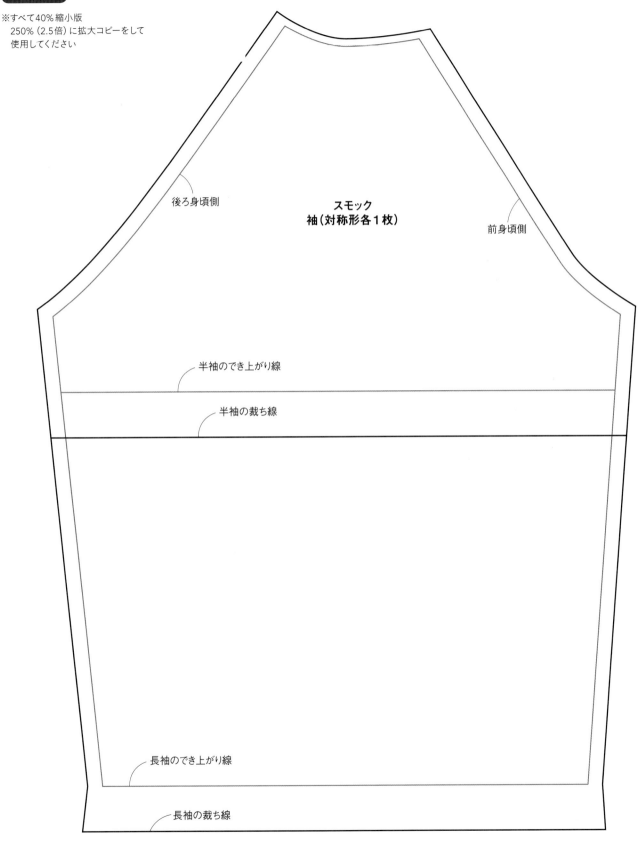

スモック

ポケットの作り方

❶

ポケット口以外の縫い代に
ジグザグミシンをかける

❷
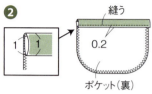
ポケット口を三つ折りにして縫う

❸

カーブの縫い代に粗い針目で
ミシンを2本かける

❹
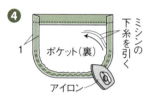
❸の下糸を引いて
縫い代1cmを裏へ倒し、
アイロンで押さえる

バイアステープの下準備

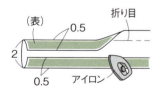
バイアステープの両辺を0.5cm
裏へ折ってアイロンで折り目を付け、
片側をひらいておく

仕立て方

❶
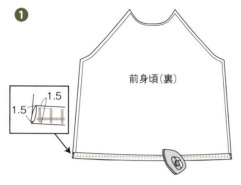
前身頃の裾を三つ折りにしてアイロンで折り目を付ける
※後ろ身頃の裾、袖の袖口も同様にする

❷

前身頃のポケット付け位置にポケットを付ける
（ポケットの付け方はP.39参照）

❸

前と後ろの身頃を中表に合わせて両脇を縫い、
縫い代は2枚一緒にジグザグミシンをかける

❹
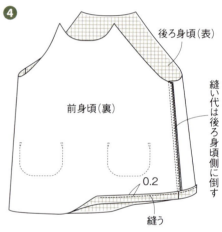
裾を❶で付けた折り目で三つ折りにして縫う

❺
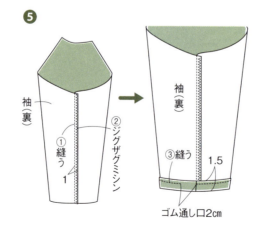
①袖を中表に合わせて袖下を縫う
②縫い代は2枚一緒にジグザグミシンをかける
③袖口を❶で付けた折り目で三つ折りにし、
　ゴム通し口2cmを残して1周縫う
※半袖はゴム通し口は残さずに1周縫う

❻

身頃と袖を中表に合わせて袖ぐりを縫い、
縫い代は2枚一緒にジグザグミシンをかける
もう1枚の袖も同様に縫う

④
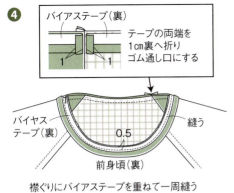
襟ぐりにバイアステープを重ねて一周縫う

⑤
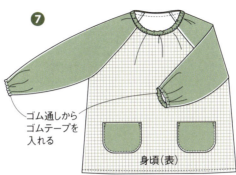
④の縫い目からバイアステープを折り返して表側に折って内側0.5cmを縫う

⑥
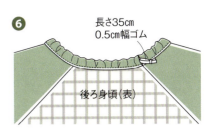
④で作ったゴム通し口から45cmにカットしたゴムテープを通して端を結び、結び目を内側に隠す
※ゴムテープの長さは頭囲に合わせて調整する

⑦

⑤のゴム通しに長さ25cmにカットした0.5cm幅ゴムテープを入れてゴムテープの端をひと結びし、結び目を内側に隠す

<半袖>
半袖の袖口はゴムなしで仕立てる

三角巾

ゴムひもの作り方

❶
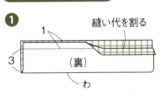
ゴム用布を中表に半分に折って筒状に縫い、縫い代を割る

❷
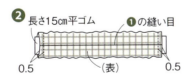
表に返して❶の縫い目を中心にしてたたみ直し、ゴムテープを通して両端を縫い留める
※ゴムテープの長さは頭囲に合わせて調整する

仕立て方

❶
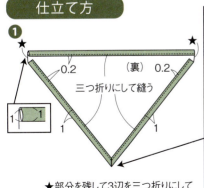
★部分を残して3辺を三つ折りにして内側0.2cmを縫う

❷
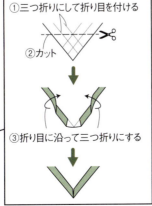
❶の★の位置にゴムひもを付ける
反対側も同様に作る

巾着袋

仕立て方

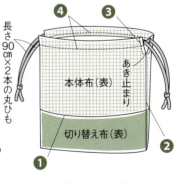

※作り方の詳細はP.73上段、「お弁当袋の作り方」を参照

❶ P.73❶を参照して、本体と切り替え布を縫い合わせる
❷ P.73❸を参照して、あき止まりから下の両脇を縫う(底は折り上げない)
❸ P.73❹を参照して、あき止まりから上の縫い代を始末し、ひも通し口を作る
❹ P.73❺を参照して、ひもを通す

保冷できる水筒カバー Photo：P.24

材料

布
〈ブルー・グリーン〉
- 表布　（ヌビ生地）30×40cm
- 別布　（ギンガムチェック）30×30cm
- 中袋用布（保冷シート）20×50cm

〈ピンク〉
- 表布　（ヌビ生地）15×40cm
- 別布A　（ギンガムチェック）30×20cm
- 別布B　（オックス・ピンク）25×20cm
- フリル　（チュール・ベージュ）50×5cm
- 中袋用布（保冷シート）20×50cm

その他の材料
〈3点共通〉（1点分）
- 直径0.3cm丸ひも（グレー、グリーン、ピンク）…40cm
- 内径1cm Dカン…2個
- 長さ2cmコードストッパー（白）…1個
- 直径1cmプラホック…4組
- ショルダーひも用1.5cm幅PPテープ…110cm
- ショルダーひも用内径1.6cmナスカン…2個
- ショルダーひも用内径1.6cm移動カン…1個
- アイロンシート…2枚（ピンクは1枚）

〈ピンクのみ〉
- キルト綿25×10cm
- チュール（ベージュ）…50×5cm

水筒カバー
縦21.5×横13cm
マチ6cm

水筒カバー
縦21.5×横13cm
マチ6cm

水筒カバー
縦21.5×横13cm
マチ6cm

裁ち方図
※単位はcm　※指定外は縫い代1cm

〈ブルー・グリーン〉

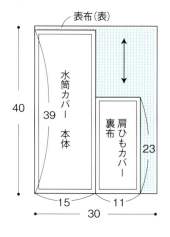

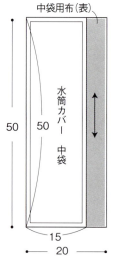

〈ピンク〉

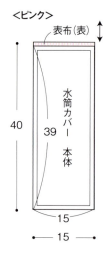

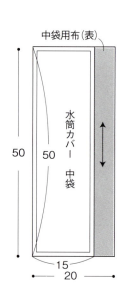

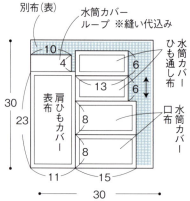

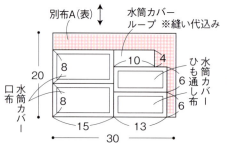

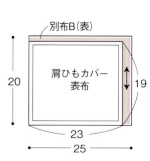

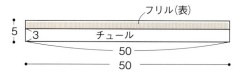

水筒カバー

ループの作り方

❶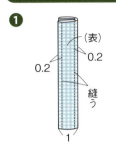
外表に四つ折りにして
両端を内側0.2cmを縫う

❷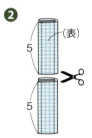
半分にカット

❸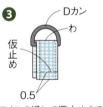
Dカンを通して仮止めする

ひも通し布の作り方

❶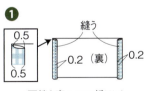
両端を裏へ三つ折りにし、
内側0.2cmを縫う

❷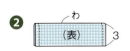
外表に半分に折る

仕立て方 ※3点共通

❶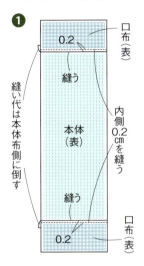
本体と口布を中表に合わせて
縫い代1cmで縫い、
縫い代を倒して内側0.2cmを縫う

❷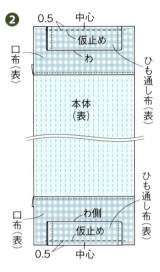
本体と中心を合わせて
ひも通し布を仮止めする

❸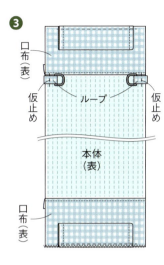
口布のきわにループを仮止めする

❹
中袋と本体を中表に
合わせて上下の
口の内側1cmを縫う

❺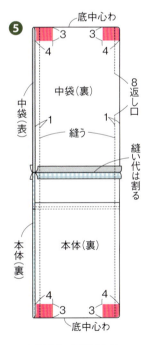
本体同士、中袋同士の
口を合わせてたたみ直す
返し口を残して両脇を縫い、
底の両角(ピンクの部分)を
カットする

❻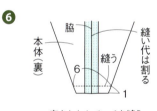
底をたたんでマチを縫う

❼
表に返してコの字とじ(P.39参照)で
返し口をとじ、中袋を本体の中に入れて
口側0.5cmを縫う
ひもを通してコードストッパーを付ける
ショルダーひも(P.82参照)を付ける
アイロンシート(P.52参照)を貼る

肩ひもカバー

仕立て方

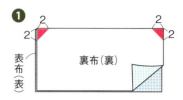

① 表布と裏布を中表に重ねて角（ピンクの部分）をカットする

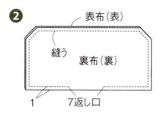

② 返し口を残して周囲を縫う

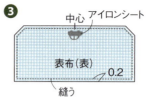

③ 表に返して周囲の内側0.2cmをぐるりと縫い、好みの位置にアイロンシートを貼る

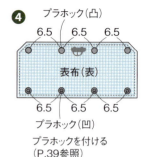

④ プラホックを付ける（P.39参照）

肩ひもカバー

フリルの作り方

① 中心に粗い針目のミシンをかける

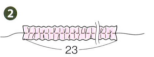

② 左右の糸を引いて本体の幅に合わせてギャザーを寄せる

仕立て方

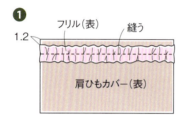

① 肩ひもカバーにフリルを縫い付ける

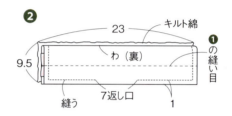

② 中表に半分に折り、9.5×23cmのキルト綿を重ね、返し口を残して縫う

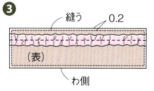

③ キルト綿を縫い目のきわでカットして表に返して内側0.2cmをぐるりと縫う

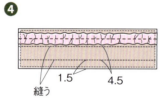

④ 折り目をミシンで縫う

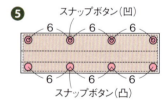

⑤ スナップボタンを付ける（P.39参照）

ショルダーひも

仕立て方

① テープの両端にほつれ止め液を塗る

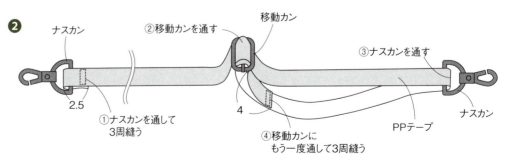

①〜④の手順でPPテープにナスカンと移動カンを付ける

移動ポケット＆ハンカチ Photo：P.26

材料

● 布
〈2点共通〉(1点分)
- 本体　（シーチング・生成り）30×35cm
- 別布　（コットンリネン・ピンクまたはブルー）30×15cm
- ハンカチ　（ダブルガーゼ・生成り）25×25cm

● その他の材料
〈2点共通〉(1点分)
- 直径1.3cmプラホック…1組
- 移動ポケット用クリップ…2個
- 移動ポケット用
  0.8cm幅ポンポンブレード…20cm
- ハンカチ用
  0.8cm幅ポンポンブレード…15cm

移動ポケット　縦11×横13cm

ハーフハンカチ　縦20×横10cm

裁ち方図　※単位はcm　※指定外は縫い代1cm

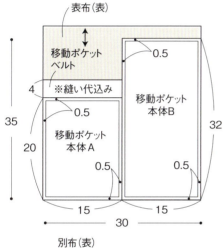

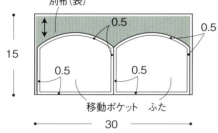

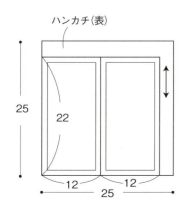

型紙

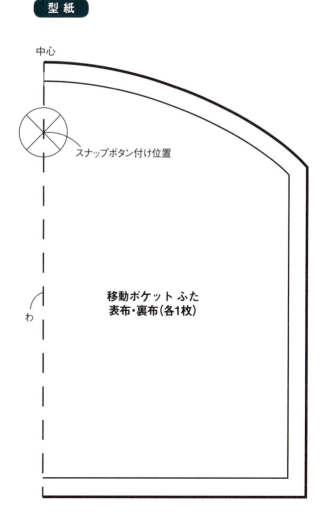

中心　スナップボタン付け位置　わ

移動ポケット ふた
表布・裏布(各1枚)

ハーフハンカチ

仕立て方

①
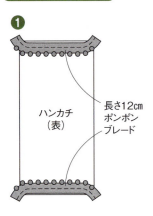
ハンカチの1枚に
ポンポンブレードを
仮止めする

②
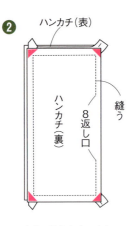
本体2枚を中表に合わせ、
返し口を残して縫う
四隅の縫い代（ピンク部分）を
三角にカットする

③
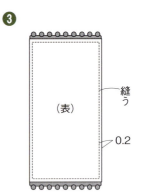
表に返して返し口を折り込み、
周囲の内側0.2cmをぐるりと縫う

移動ポケット

ベルトの作り方

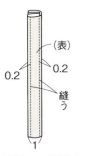
外表に四つ折りにして
両端の内側0.2cmを縫う

ふたの作り方

①
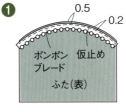
ポンポンブレードを
ふたの1枚に仮止めする

②
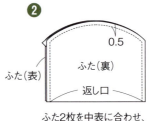
ふた2枚を中表に合わせ、
返し口を残して縫う

③
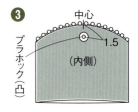
表に返して内側のみに
プラホックを付ける
（P.39参照）

本体Aの作り方

①
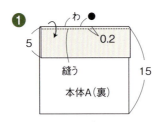
上部を折って折り山の内側0.2cmを縫う

②
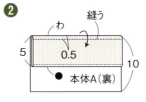
さらに上部を折り、内側0.2cm縫う

③
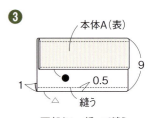
下部を1cm折って縫う

仕立て方

※わかりやすいように一部本体Bの色を変えています

❶
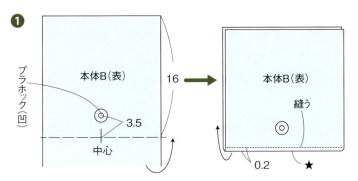
① スナップボタンを本体Bに付ける
② 外表に半分に折って内側0.2cmを縫う

❷
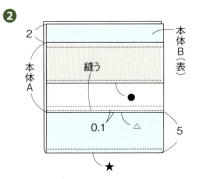
本体Bのプラホックを付けていない面に
本体Aを重ねて下端の内側0.1cmを縫う

❸
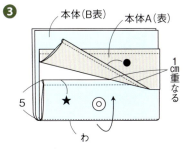
本体Bを下部を5cm折り上げて、
本体Aの折り返し(●)の
下側にはさむ

❹
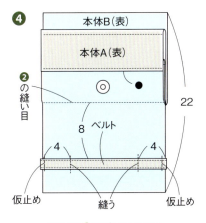
本体Bを❷の縫い目でひらき
図のようにベルトを仮止めし、
本体脇から内側4cmを縫う

❺
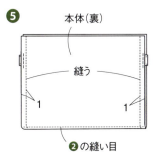
本体を❷の縫い目から
中表に半分に折り、両脇を縫う

❻
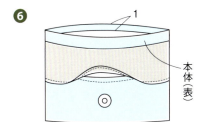
表に返して上部の縫い代を
1cm裏へ折り込む

❼
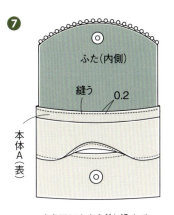
あき口にふたを差し込んで
内側0.2cmを縫う

❽
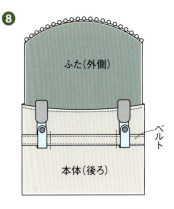
ベルトに移動ポケット用クリップを付ける

なんでも巾着袋　Photo：P.28

材料

布
- 表布　（ブロード・水玉）70×30cm
- 中袋用布　（厚手シーチング）35×75cm

〈黄〉
- 別布　（コットンリネン・黄）35×20cm
- 持ち手用布　（コットンリネン・紫）20×35cm

〈緑〉
- 別布　（ツイル・緑）35×20cm
- 持ち手用布　（オックス・赤）20×35cm

その他の材料
- 接着芯……20×35cm
- 直径0.5cm丸ひも（紫または赤）…200cm

巾着袋
縦34×横30cm

巾着袋
縦34×横30cm

裁ち方図　※単位はcm　※指定外は縫い代1cm

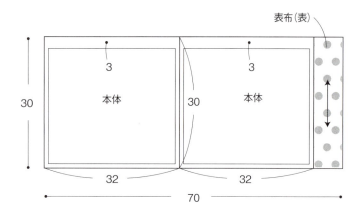

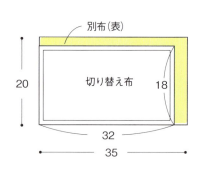

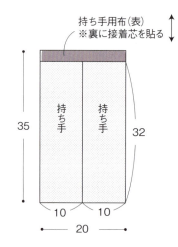

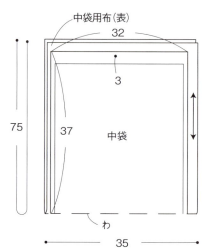

持ち手の作り方

❶
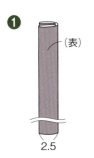
外表に四つ折りにする

❷
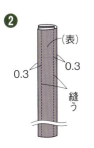
両端の0.3cm内側を縫う

仕立て方

❶
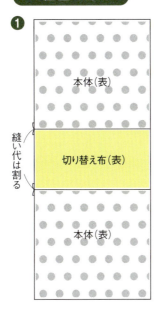
本体と切り替え布を縫い合わせる

❷

本体に持ち手を重ねて
0.5cm内側を仮止めする

❸

本体と中袋を中表に合わせて、
上下の口の内側3cmを縫う

❹
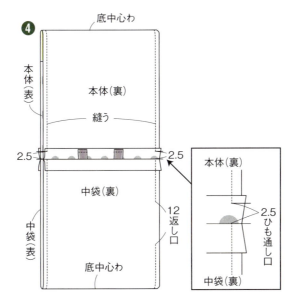
本体同士、中袋同士の
口を合わせてたたみ直し、
ひも通し口と返し口を
残して両脇を縫う

❺
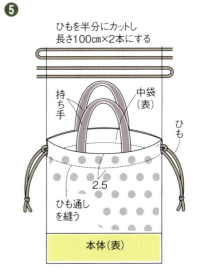
表に返して返し口を
コの字とじ（P.38参照）でとじる
中袋を内側に入れて
口の内側2.5cmを縫って
ひも通しを作り、ひもを通す

鍵盤ハーモニカ入れ Photo：P.29

材料

布
- 表布（オックス・幾何学柄）110×15cm
- 別布（オックス・黒）80×40cm
- 中袋用布（キルティング生地・生成り）60×50cm

その他の材料
- 接着芯…80×40cm
- 直径1.3cmプラホック（白）…1組

鍵盤ハーモニカ入れ
縦20×横53cm
マチ6cm

裁ち方図 ※単位はcm ※指定外は縫い代1cm

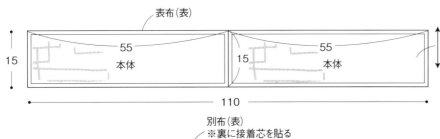

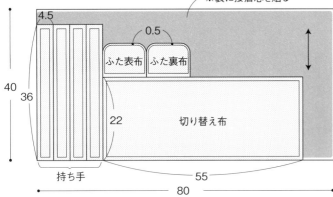

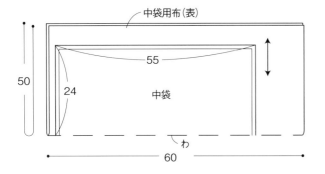

型紙

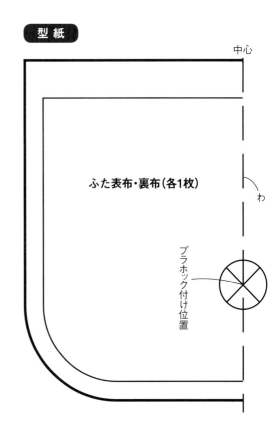

ふた表布・裏布（各1枚）

持ち手の作り方

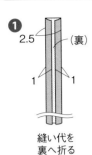

縫い代を裏へ折る

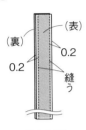

2枚を中表に合わせて内側0.2cmを縫う

仕立て方

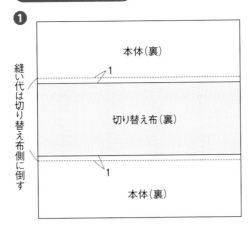

本体2枚と切り替え布を縫い合わせる

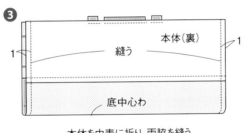

本体を中表に折り、両脇を縫う
※中袋も同様に作る

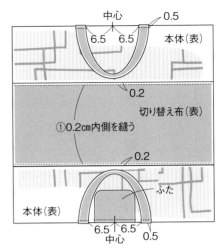

②本体に持ち手とふたを重ねて内側0.5cmを縫って仮止めする

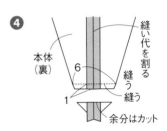

底をたたんでマチを縫い、余分な縫い代をカットする
※中袋も同様に作る

ふたの作り方

2枚を中表に合わせ返し口を残して縫う

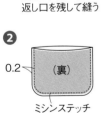

表に返してミシンステッチ

表に返して口の縫い代を裏へ折る

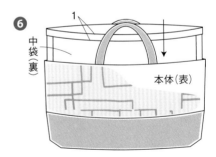

中袋の口の縫い代も裏へ折り、本体の内側に入れる

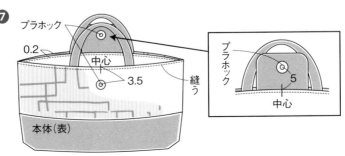

口の内側0.2cmを縫ってプラホックを付ける

リボンのナップザック　Photo：P.30
防水プールバッグ　Photo：P.31

材料

布

ナップザック
（ブロード・赤）110×50cm

プールバッグ
（撥水加工生地・紺）110×55cm

その他の材料

ナップザック
- 直径0.5cm丸ひも（えんじ）…320cm
- 直径1.5cmループエンド（赤）…2個
- 1cm幅グログランリボン（赤）…75cm
- 3cm幅フリルレース（白）…40cm

プールバッグ
- 直径0.5cm丸ひも（紺）…180cm
- 1cm幅グログランリボン（紺）…130cm

ナップザック

縦45×横35cm

プールバッグ

縦45×横40cm

裁ち方図

※単位はcm
※指定外は縫い代1cm

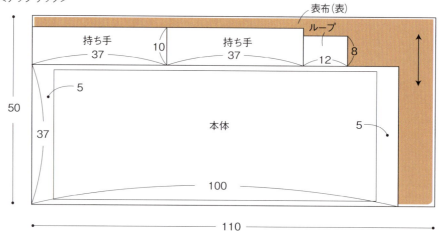

<ナップザック>

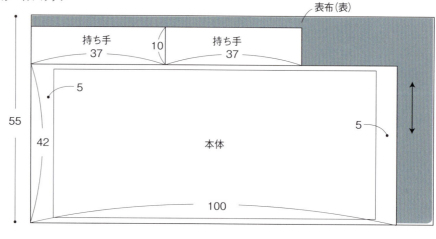

<プールバッグ>

ナップザック

持ち手の作り方

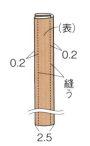

外表に四つ折りにし
両端の内側0.2cmを縫う

ループの作り方

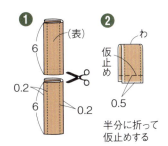

持ち手と同様に
外表に四つ折りにして
内側0.2cmを縫い、
半分に切る

仕立て方 ※ジグザグミシンの図は省略

❶
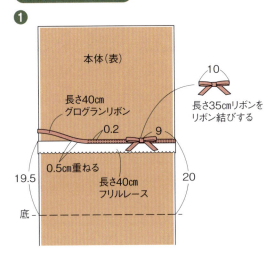

レースとリボンを本体に縫い付ける
リボン結びしたリボンを縫い付ける

❷
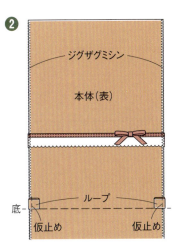

両脇の縫い代にジグザグミシンをかけ、
ループを仮止めする

❸
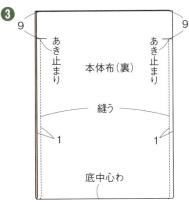

中表に半分に折り、
あき止まりから下の両脇を縫う

❹
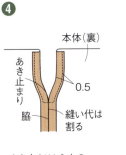

あき止まりから上の
折り山から0.5cmを
コの字形に縫う

❺
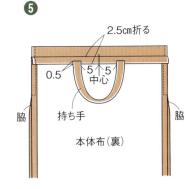

口を裏へ折り、持ち手を重ねる

❻
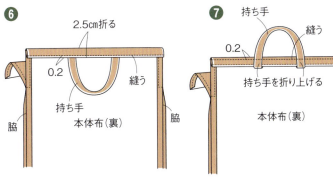

口をさらに2.5cm折り、
持ち手を間にはさんで
0.2cm内側を縫う

❼
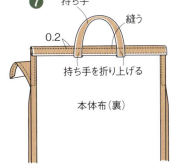

持ち手を折り上げて
口の内側0.2cmを縫う
※反対側も❺〜❻と同様に作る

❽

ひもを160cm×2本に
カットして両脇から通す

表に返してひもを通す
ループとループエンドに通して結ぶ

プールバッグ

持ち手の作り方

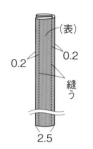

外表に四つ折りにし
両端の内側0.2cmを縫う

仕立て方 ※ジグザグミシンの図は省略

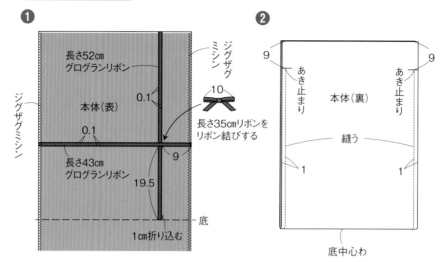

❶ リボンを本体に十字に置いて内側0.1cmを縫う
リボンが交差したところにリボン結びしたリボンを縫い付け、
両脇の縫い代にジグザグミシンをかける

❷ 中表に半分に折り、
あき止まりから下の両脇を縫う

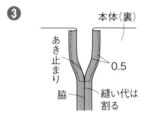

❸ あき止まりから上の
折り山から0.5cmを
コの字形に縫う

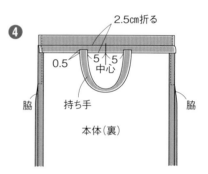

❹ 口を裏へ折り、持ち手を重ねる

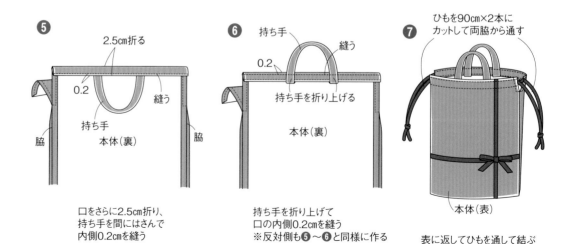

❺ 口をさらに2.5cm折り、
持ち手を間にはさんで
内側0.2cmを縫う

❻ 持ち手を折り上げて
口の内側0.2cmを縫う
※反対側も❺〜❻と同様に作る

❼ 表に返してひもを通して結ぶ

座布団カバー Photo：P.32

材料

🌸 **布**

〈赤〉
- 表布 （オックス・赤）110×40cm
- 中袋用布 （ブロード・赤）110×50cm

〈紺〉
- 表布 （ツイル・紺）110×80cm
- 別布A （ブロード・ストライプ）40×25cm
- 別布B （ブロード・紺）60×10cm

🌸 **その他の材料**

〈赤〉
- 2.5cm幅ゴムテープ…40cm
- 2cm幅面ファスナー…20cm
- 1cm幅グログランリボン（赤）…75cm
- 2cm幅レース（白）…45cm

〈紺〉
- 2.5cm幅平ゴム…40cm
- 2cm幅面ファスナー…20cm
- 1cm幅グログランリボン（紺）…35cm
- 2cm幅レース（紺）…45cm

座布団カバー
縦35×横35cm
マチ3cm

座布団カバー
縦35×横35cm
マチ3cm

裁ち方図 ※単位はcm　※指定外は縫い代1cm

〈赤〉

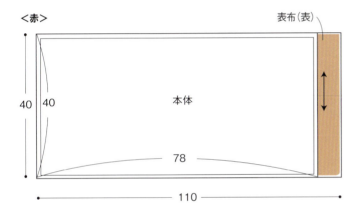

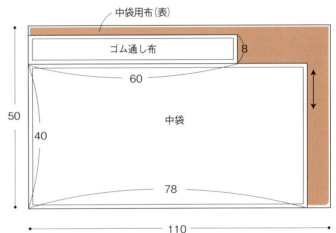

〈紺〉

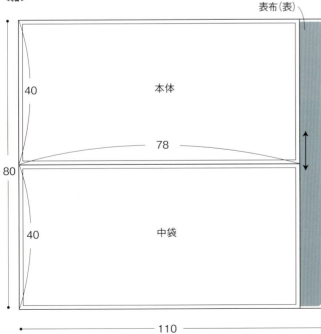

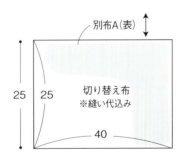

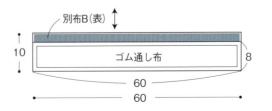

ゴム通し布の作り方
※2点共通

❶
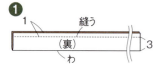
中表に半分に折り、筒状に縫う

❷
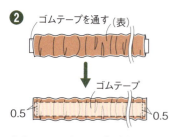
①表に返してゴムテープを内側に通す
②両端を縫ってゴムテープを縫い止める

仕立て方 ※2点共通

❶
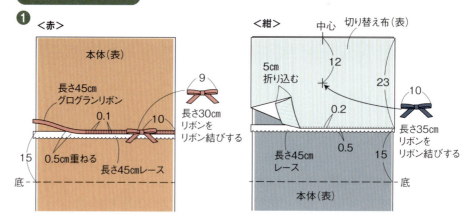
本体にリボンやレース（紺は切り替え布）、リボン結びしたリボンを縫い付ける

❷
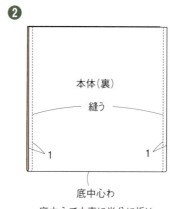
底中心で中表に半分に折り、両脇を縫う

❸

中袋も本体と同様に底中心で中表に半分に折り、返し口を残して両脇を縫う

❹

底をたたんでマチを縫う
※中袋も同様に作る

❺
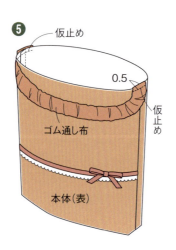
本体を表に返して両脇に
ゴム通し布を仮止めする

❻
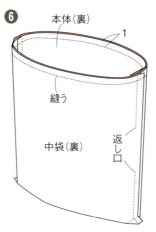
中袋をかぶせて口を縫う

❼

表に返して返し口をコの字とじ（P.38参照）でとじ、
口の内側0.3cmを縫う
中心に面ファスナーを縫い付ける

Shop list

作品の材料が購入できる店

P.4-5　P.17　P.30-34　生地
▶ 日暮里トマト　オンラインショップ
https://www.nippori-tomato-onlineshop.com/

P.4-5　P.17　P.30-34　リボン
▶ 手芸ナカムラ
https://www.rakuten.co.jp/nakalace/

P.6-7　ストライプの生地
▶ 松尾捺染株式会社
https://www.rakuten.co.jp/nassen/

P.8-9　コットンキャンバス、P.29　オックス
▶ 手芸の丸十 ★
https://www.maru-jyu.com/

P10-11　P.18-23　P.28　生地
▶ 生地のマルイシ
https://www.kijimaru.jp/

▶ nunocoto fabric
https://www.nunocoto-fabric.com/

P.12-13　P16　リバティプリント
▶ 手作り工房 MYmama
https://www.rakuten.co.jp/auc-my-mama/

P.14-15　P.24-25　ヌビ、保冷・保温シート
▶ デコレクションズ
https://decollections.co.jp/

P24-25　ギンガムチェックの生地
▶ CHECK&STRIPE ONLINE SHOP
https://checkandstripe-onlineshop.com/

売り切れなどにより、必ずしも在庫があるとは限りません。
（2024年12月現在の情報）
★印は実店舗　それ以外は通販サイト

Design

chou chou   Instagram @chouchou_enfant
http://minne.com/@2017-choucho
http://www.creema.jp/creator/2833467

dolce   http://petit.ocnk.net
https://minne.com/@bista
https://www.creema.jp/creator/6242

Floom aimer   Instagram @floom_aimer_34

kotti   Instagram @kotti.handmade

. Me   Instagram @_me.handmade

こどものキモチLab.   Instagram @kodomo.kimochi
https://kodomokodomo.handcrafted.jp/

Staff

Book design	平木千草
Photograph	白井由香里
Styling	西森萌
Hair-make	山田ナオミ
Model	ノア・ジャレット (身長114cm)
	ミア・コール (身長105cm)
Trace	爲季法子
Editor	佐々木純子
Editor desk	朝日新聞出版　生活・文化編集部 (上原千穂)

●撮影協力
AWABEES　TEL 03-6434-5635

はじめてでもきちんと作れる
おしゃれな通園・通学アイテム

編　著　朝日新聞出版
発行者　片桐圭子
発行所　朝日新聞出版
　　　　〒104-8011　東京都中央区築地5-3-2
　　　　(お問い合わせ) infojitsuyo@asahi.com
印刷所　TOPPANクロレ株式会社

©2024 Asahi Shimbun Publications Inc.
Published in Japan by Asahi Shimbun Publications Inc.
ISBN 978-4-02-333419-9

定価はカバーに表示してあります。
落丁・乱丁の場合は弊社業務部(☎03-5540-7800)へご連絡ください。
送料弊社負担にてお取り替えいたします。
作り方に関するご質問はご遠慮申し上げます。

本書および本書の付属物を無断で複写、複製(コピー)、引用することは
著作権法上での例外を除き禁じられています。
また代行業者等の第三者に依頼してスキャンやデジタル化することは、
たとえ個人や家庭内の利用であっても一切認められておりません。